最重要・最頻出パターンでどんどん話せる

ネイティブの英会話公式
BASIC 84

CD付

関西外国語大学短期大学部教授
宮野 智靖
Miyano Tomoyasu

関西外国語大学准教授
ジョセフ・ルリアス
Joseph Ruelius

Jリサーチ出版

はじめに

まず、読者のみなさんに質問をします。

海外留学をしなくても、また日本で英会話学校に通わなくても、英会話はマスターできるのでしょうか。

その答えは…**もちろんできます！** そして、本書はそのお手伝いをする画期的な英会話ルールブックと言えます。私たち（日本人著者の宮野、アメリカ人著者のルリアス）は、長年大学で英語教育に従事し、英会話の授業も担当してきました。新入生のなかには、英会話に自信のない学生たちがたくさんいます。しかし、英語を話すために「最も重要な公式」を教えることで、彼らは日に日に上達していきます。

英語を話すために「最も重要な公式」とは、一体どのようなものなのでしょうか。私たちはそれを、**ネイティブの視点から見て、日常会話で最も用いられている英文パターン**と考えます。そして本書は、各英文パターンの**「骨格＝文法の仕組み」を、「公式」としてマスターする**ことを目的としています。

本書を執筆するにあたり、まずこれまで学生たちに教えてきた重要な英文パターンをリスト化し、それを「使用頻度」と「必要度」の観点から徹底的に検証しました。全部で約200近くのパターンについて何度も討議を重ねた結果、そのうち最も基本かつ重要なものを「BASIC 84」として公式化し、本書に収録しました。公式1から公式84まで、習得難易度の低いものから高いものへと順番に並べ、全体の構成を整えました。

これらの公式には、すでにみなさんがご存知のものもあると思います。しかし、本書には英会話初級の方に役立つ2つの大きな特長があります。

①重要パターンの仕組みと使い方が、芯からわかる

　本書は、多くの例文集に共通する「最低限の解説×多くの例文」という構成ではありません。逆に、「丁寧な解説×少ない例文」という方針をとっています。せっかく多くの例文を覚えても、英文の仕組みと用法をしっかり把握せずに毎回「例文のマネ」をするだけでは、英語力の底上げはできません。本書では、英会話パターンの仕組み（公式）と機能、使い方がしっかり把握できるように、できる限り丁寧な解説を心がけました。日本人が間違いやすい点、フレーズの持つ微妙なニュアンスなど「なるほどポイント」も数多く示しています。

②ネイティブ厳選の英文

　公式を実際の会話でどのように用いるか、「ミニ会話」と「最も使える4例文」で示しています。むやみに多くの例文を覚えるよりも、よく使われるフレーズを数例に絞って公式と一緒に覚えるほうが学習効率は高く、応用の利く「英会話の土台」をしっかりと築き上げることができるのです。「ミニ会話」と「最も使える4例文」もすべて、「使用頻度」と「必要度」に応じてアメリカ人著者が作成したものですので、「不自然な日本人英語」は一切入っていません。すべての例文に解説をつけ、用法と応用例を詳しく示しているので、わかりやすくて覚えやすいはずです。

　本書に展開する私たちのノウハウで、楽しみながら英会話の練習を続けていただければ幸いです。1日5分、10分でも構いません。成果を得るためには、とにかく毎日継続して頑張り続けることが大切です。「基礎英会話をマスターしたい！ペラペラ、スラスラ、英語を話せるようになりたい！」と願っておられるみなさんにとって、本書が大きな助けとなりますように。

著者一同

CONTENTS

はじめに ……………………………………………………………………………… 2
本書の利用法 ………………………………………………………………………… 8

| 公式 1 | **Please** *do* ～ （どうぞ～してください）………………………… 10
| 公式 2 | **Don't** *do* [**be**] ～ （～するな／～しないで）……………… 12
| 公式 3 | 命令文 **, and** [**or**] ～ （…しなさい、そうすれば［そうしなければ］～）… 14
| 公式 4 | **What** ～ ? （～は何ですか）…………………………………… 16
| 公式 5 | **Who** ～ ? （～は誰ですか）…………………………………… 18
| 公式 6 | **Whose** ～ ? （誰の～ですか）………………………………… 20
| 公式 7 | **Where** ～ ? （～はどこですか）……………………………… 22
| 公式 8 | **When** ～ ? （～はいつですか）……………………………… 24
| 公式 9 | **Which** ～ ? （～はどれですか）……………………………… 26
| 公式 10 | **How** ～ ? （どのように～ですか／～はどうですか）……… 28
| 公式 11 | **Why** ～ ? （どうして～ですか）……………………………… 30
| 公式 12 | **What kind of** + 名詞 ～ ? （どんな種類の～ですか）……… 32
| 公式 13 | **What do you think of** [**about**] ～ ? （～についてどう思いますか）… 34
| 公式 14 | **What is** ～ **like?** （～はどんな感じですか）……………… 36
| 公式 15 | **How** + 形容詞 / 副詞 ～ ? （どのくらい～ですか）………… 38
| 公式 16 | **I'll** *do* ～ （～するでしょう／～するつもりです）……… 40
| 公式 17 | **I'm going to** *do* ～ （～する予定です）…………………… 42
| 公式 18 | 主語 + be 動詞 + *doing* （～しています）……………………… 44
| 公式 19 | 主語 + be 動詞 + 過去分詞 （～されます／～されました）… 46
| 公式 20 | **There** + be 動詞 + 主語 （～があります／～がいます）… 48
| 公式 21 | **I want to** *do* ～ （～したいなあ）………………………… 50

公式 22	I'd like to *do* 〜 （〜したいです）	52
公式 23	I'd like you to *do* 〜 （〜していただきたいのですが）	54
公式 24	I think (that) 〜 （〜と思います）	56
公式 25	I believe [feel/suppose/guess] (that) 〜 （〜と思います）	58
公式 26	I don't think (that) 〜 （〜ではないと思います／〜とは思いません）	60
公式 27	Thank you for 〜 （〜をありがとうございます）	62
公式 28	I'm sorry 〜 （〜をすみません）	64
公式 29	You can *do* 〜 （〜ができます／〜してもいいです）	66
公式 30	You may *do* 〜 （〜してもいいですよ／〜かもしれません）	68
公式 31	You should *do* 〜 （〜すべきです／〜する方がいいですよ）	70
公式 32	You must *do* 〜 （〜しなければなりません）	72
公式 33	You mustn't *do* 〜 （〜してはいけません）	74
公式 34	You had better *do* 〜 （〜すべきだ）	76
公式 35	You need 〜 （〜が必要です）	78
公式 36	You have to *do* 〜 （〜しなければなりません）	80
公式 37	Let's *do* 〜 （〜しましょう）	82
公式 38	May I *do* 〜？（〜してもいいですか）	84
公式 39	Will you *do* 〜？（〜してくれる？／〜してもらえる？）	86
公式 40	Could [Would] you *do* 〜？（〜していただけますか）	88
公式 41	Shall I *do* 〜？（〜しましょうか）	90
公式 42	Why don't you *do* 〜？（〜したらどう？）	92
公式 43	Why don't we *do* 〜？（一緒に〜するのはどう？／〜してみてはどう？）	94
公式 44	Let me *do* 〜 （〜させてください）	96

CONTENTS

公式 45	I'm glad ～ (～して嬉しいです)	98
公式 46	I hope (that) ～ (～であることを望みます)	100
公式 47	I'm afraid (that) ～ (残念ですが)	102
公式 48	～ A or B? (A ですか、それとも B ですか)	104
公式 49	Do you know how to *do* ～ ? (～の方法を知っていますか)	106
公式 50	Do you know + 疑問詞 + 主語 + 動詞 ? (～か知っていますか／～かわかりますか)	108
公式 51	I'm sure (that) ～ (きっと～だと思います)	110
公式 52	I'm not sure if [whether] ～ (～かどうかよくわかりません)	112
公式 53	if + 主語 + 動詞 (もし～ならば)	114
公式 54	when + 主語 + 動詞 (～した時／～する時)	116
公式 55	as soon as + 主語 + 動詞 (～するとすぐに)	118
公式 56	because + 主語 + 動詞 (～なので／～だから)	120
公式 57	though [although] + 主語 + 動詞 (～であるけれども／～にもかかわらず)	122
公式 58	whenever/wherever + 主語 + 動詞 (～する時ならいつでも／～する所ならどこでも／いつ～しようとも／どこで～しようとも)	124
公式 59	It + 動詞 (～です)	126
公式 60	It's + 形容詞 + for you to *do* ～ (あなたにとって～することは…です)	128
公式 61	動名詞の主語 + 動詞 (…することは～です)	130
公式 62	That + 動詞 ～ (それは～です)	132
公式 63	Isn't it ～ ? (～じゃないですか)	134
公式 64	Don't you *do* ～ ? (～ではないんですか)	136
公式 65	I have + 過去分詞 (もう～しました／ずっと～しています／～したことがあります)	138

公式66	Have you + 過去分詞 ? (もう〜しましたか／ずっと〜していますか／〜したことがありますか)	140
公式67	How do you like 〜? (〜はいかがですか／〜はどうしましょうか)	142
公式68	How [What] about 〜? (〜はどうですか／〜するのはどうですか)	144
公式69	I wonder 〜 (〜でしょうか／〜かしら)	146
公式70	I'm trying to *do* 〜 (〜しようとしています)	148
公式71	I'm thinking of *doing* 〜 (〜しようと思っています)	150
公式72	I'm planning to *do* 〜 (〜するつもりです)	152
公式73	I'm looking forward to 〜 (〜を楽しみにしています)	154
公式74	This is my first + 名詞 〜 (〜は初めてです)	156
公式75	I have [get] a chance to *do* 〜 (〜する機会があります)	158
公式76	Excuse me, but 〜 (すみませんが〜)	160
公式77	That's true, but 〜 (それはそうですが〜)	162
公式78	Are you saying (that) 〜? (〜と言っているのですか)	164
公式79	You're 〜, aren't you? (〜ですよね)	166
公式80	主語 + 動詞 + as + 形容詞 ／ 副詞 + as 〜 (〜と同じくらい…です)	168
公式81	主語 + 比較級 + than 〜 (〜よりも…です)	170
公式82	主語 + the + 最上級 〜 (最も〜です)	172
公式83	What + 名詞 + 主語 + 動詞 ! (なんという〜でしょう！)	174
公式84	How + 形容詞 ／ 副詞 + 主語 + 動詞 ! (なんて〜でしょう！)	176

修了テスト ………………………………………………………………… 178
テストの解答 ……………………………………………………………… 188

本書の利用法

本書は「公式」「Check! ミニ会話」「最も使える 4 例文」と、それぞれの解説で構成されています。公式 1 ～公式 84 まで、順番どおりに学習していけば英会話の基本がマスターできるようになっています。

Step 1
まずは「公式」と「使い方のポイント」を読み、パターンの骨格となる文法構造と用法をしっかり理解しましょう。

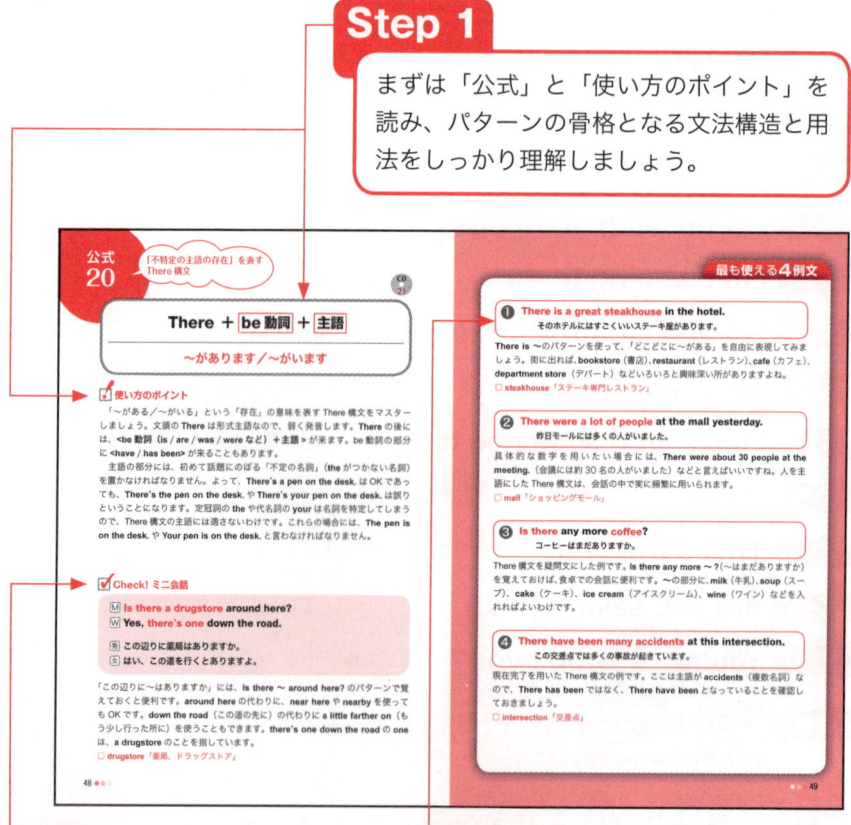

Step 2
公式が男女の会話の中でどのように使われているか、チェックしてみましょう。

Step 3
例文を覚えましょう。無理なくしっかり覚えられるように、最も使用頻度の高いもの 4 例を載せています。解説を読み、用法や応用例をしっかり学んでください。

> 1. どうぞおくつろぎください。
> 　　　　　　　　　　　　　　　　　○△×
> 2. 気にしないで。
> 　　　　　　　　　　　　　　　　　○△×
> 3. 急ぎなさい、そうしないと遅れますよ。
> 　　　　　　　　　　　　　　　　　○△×
> 4. どういう意味ですか。

Step 4

最後に、公式と例文がどれくらいマスターできているか、修了テストで判定してみましょう。

付属CDの効果的な利用法

付属CDには、「Check! ミニ会話」と「最も使える4例文」が収録されています。p.8のStep 1～3を行ってから、以下のようにCDを活用してください。

①会話・例文を目で追いながら、耳でしっかり聞き込みましょう。英語が英語のままで意味をともない頭に入ってくるまで、聞き続けてください。

②例文を見ながら、音声をリピートしてみましょう。聞こえてくる音を真似して、なるべくネイティブに近い発音ができるようになるまで練習しましょう。

③少し高度な発展的トレーニングを行いたい人は、シャドーイングにチャレンジしましょう。シャドーイングとは、例文の音声が終わるのを待たずに、音声をすぐ後から追いかけて真似をするスピーキング練習です。音声に半歩遅れて影のようについていくことで、耳と口を同時に鍛えられ、ネイティブ特有の音感とスピードが身につきます。（※興味のある方は、『ゼロからスタート シャドーイング』（Jリサーチ出版）もご覧ください。）

****

- 本書の公式・解説では、以下をイタリック（斜体）で表記しています。
  do ＝動詞の原形　*be* ＝ be動詞　*doing* ＝現在分詞／動名詞　*one's* ＝人称代名詞の所有格
- 本書の解説で、英文中の（　）内の語（句）は省略可能を示しています。また、［　］内の語（句）は直前の語（句）と言い換えが可能であることを表しています。

公式 1

> Please を付けても、丁寧とは限らない

Please *do* ～
どうぞ～してください

📝 使い方のポイント

　命令文の文頭や文尾に **please** をつけると、「どうぞ～してください」という丁寧な依頼表現になることは中学時代に習いました。しかし、例えば英語の先生に自分のレポートを差し出して、**Please correct my English.**（私の英語を直してください）と言えるでしょうか。please を加えたからといって、必ずしも丁寧な表現になるとは限りません。先生の都合も聞かずに、このような一方的な依頼をするのは非常に厚かましく響きます。まるで催促や命令口調に聞こえてしまうからです。その場合は、**Could you please correct my English?** や **May I ask you to correct my English?** などと聞くのが礼儀正しい言い方です。

　please のついた命令文は、特に次の2つの状況でよく用いられます。① 聞き手の利益を考え、当然聞き手は **Yes** と答えると思われる場合。例：**Please come in.**（どうぞお入りください）　② 話し手の利益のために依頼する際、聞き手が **Yes** と答えると思われる場合。例：**Please say hello to your family.**（ご家族によろしく伝えてください）　さらに、**Please!** だけで「頼むからやめてくれ！／いい加減にしてくれ！」の意味も表します。

✅ Check! ミニ会話

> W **Please sign your name here.**
> M **You mean right here?**
>
> 女 ここにご署名をお願いします。
> 男 ここですか。

「ここにご署名をしてください」は、**Please sign your name here.** の他、**Please write [put] your signature here.** とも言います。
☐ **sign**「～をサインする」　☐ **signature**「署名、サイン」

最も使える4例文

 Please be seated.
どうぞお座りください。

相手に座ることを勧めるときに使う決まり文句です。**Please be seated.** は、椅子だけでなく、ソファに座ることを勧めるときにも使えます。目の前の椅子に座ることを勧める場合は、**Please have a chair.** も使えます。なお、**Please sit down.** は学校の先生が生徒に使うとか、気心の知れた者同士の間で使う表現であり、目上の人に用いる表現ではありません。一見丁寧そうに見えても、実はそれほど丁寧な表現ではないのです。

 Please make yourself at home.
どうぞおくつろぎください。

自分の家に遊びに来たゲストに対してよく使う決まり文句です。同じ意味で、**Please make yourself comfortable.** とも言います。これらと混同してはいけない表現が、**Please help yourself.**（どうぞ遠慮なく召し上がってください）です。これは、食事の際に用いる決まり文句で、食べ物・飲み物を自由に飲食してもらうときに使います。

 Please don't hesitate to contact me at anytime.
いつでもご遠慮なく私にご連絡ください。

Please don't hesitate to do ～（遠慮なく～してください）の **to** の直後の動詞として、**ask**（質問をする）、**call**（電話をする）、**e-mail**（Eメールをする）などもよく用いられます。
☐ **at anytime**「いつでも」（**at** は省略可能）

 Please turn off your cellphones during class.
授業中は携帯電話の電源を切ってください。

授業中だけでなく、病院の中でさえも携帯電話を使用している非常識な人がいますよね。そのような人には、**Please switch off your phones while in the hospital.** というアナウンスも残念ながら、効き目はなさそうです。
☐ **turn off ～**「～を切る」（= **switch off ～**）

公式 2

> Don't ＜ Do not ＜ Never の順に否定の意味合いが強まる

Don't *do* [be] 〜

〜するな／〜しないで

📝 使い方のポイント

＜Don't ＋動詞の原形＞で「〜するな／〜しないで」という否定の命令文になります。Don't は、強調して Do not と言うこともあります。さらに強調する際には、Don't の代わりに Never を使うこともあります。

Don't の後は動詞の原形なので、一般動詞の他に be 動詞が来ることもあります。言い方によって、きつく聞こえることもあれば、優しく聞こえることもあります。Please 〜 とすることで、大抵の場合は優しく聞こえます。命令文は、相手との関係や状況を的確に判断して、正しく使うことを心掛けましょう。

✅ Check! ミニ会話

> W **Don't be** afraid of making mistakes when speaking English.
> M Yeah, I know. But I easily get nervous.
>
> 女 英語を話すときには、間違いをするのを恐れては駄目よ。
> 男 うん、わかってるよ。でもすぐに緊張してしまうんだ。

Don't be afraid of 〜（〜を恐れないで）は、いつも〜の部分に名詞や動名詞が来ることを覚えておきましょう。みなさんも **Don't be afraid of making mistakes when speaking English.** をしっかりと心に刻んで、英会話のトレーニングを続けていってください。

☐ **get nervous**「あがる、緊張する」

最も使える4例文

 Don't worry.
　　　心配しないで。

言い方によって「心配するな／心配しないで／ご心配なく」などの意味になります。「〜について心配しないで」という場合には、**Don't worry about 〜**の形を用います。例：**Don't worry about it.**（それについてはご心配なく／そのことは気にしないで）　もしも相手が **I'm sorry about that.**（そのことはごめんなさい）と謝罪したとき、自分にとっては大したことでない場合には、優しく **Please don't worry.**（気にしないでください）と言えばいいですね。

 Never mind.
　　　気にしないで。

日本ではよく野球の試合中、チームメイトがミスをした場合に、「ドンマイ」と言いますよね。英語では **Don't mind.** もおかしくはないのですが、ネイティブは、それよりも断然 **Never mind.** の方を好んで用います。スポーツのときの「ドンマイ」だけでなく、日常生活の中で「別に気にしないで」と言いたいときにも使える便利な表現です。

 Don't be silly.
　　　馬鹿なこと言うなよ。

Don't be silly. は「馬鹿なこと言うなよ／何言ってるの？／ふざけないでよ」などの意味を表します。家族同士や友達同士でよく使う決まり文句です。さらに、**Don't be mean.**（意地悪しないで）や **Don't be shy.**（遠慮しないで／恥ずかしがらないで）なども覚えておくと便利ですよ。
☐ **mean**「意地悪な、不親切な」

 Don't be in such a hurry.
　　　そんなに急がないで。

「そんなに慌てないで」と訳してもいいでしょう。**Don't be in such a rush.** と言っても同じ意味を表します。
☐ **in a hurry**「急いで、慌てて」

公式 3

and と or を命令文と組み合わせて使うと？

命令文, and [or] ～

…しなさい、そうすれば［そうしなければ］～

使い方のポイント

<命令文＋ and / or> は日常会話で非常によく用いられるパターンです。命令文の後に **and** が来ると「…しなさい、そうすれば～」の意味を、**or** が来ると「…しなさい、そうしないと（さもないと）～」の意味を表します。**or** の部分を、**or else** と言うこともあります。**and** と **or** は、いずれも if 節を使って言い換えることが可能です。

少し反語的になりますが、映画の中で、**Move, and I'll kill you.**（動け、そうすればお前を殺すぞ→動いたら、命はないぞ）なんていう物騒なセリフを聞いた人もおられるのではないでしょうか。

Check! ミニ会話

[M] **Excuse me, where is the post office?**
[W] **Go straight two blocks, and you'll find it on your right.**

[男] すみません、郵便局はどこにありますか。
[女] まっすぐ2ブロック行けば、右手に見えてきますよ。

この場合の **Go straight two blocks, and ～**は相手への命令ではなく、指示を表しています。このように <命令文＋ and> は道案内にも使える便利なパターンです。**you'll find it** の **find** の代わりに、**see** を使うことも可能です。

□ **block**「通りの街区、ブロック」　□ **on your right [left]**「右側に［左側に］」

最も使える4例文

① Study hard, and you'll pass the exam.
　　一生懸命に勉強しなさい、そうすれば試験に合格しますよ。

「一生懸命に勉強すれば、試験に合格しますよ」と訳してもいいですね。if 節を使えば、**If you study hard, you'll pass the exam.** と言えます。反対に、**or** を使えば、**Study hard, or you'll fail the exam.**（一生懸命に勉強しなさい、そうしないと試験に落ちますよ／一生懸命に勉強しないと試験に落ちますよ）なんてことも言えますね。

② Take this medicine, and you'll get well soon.
　　この薬を飲みなさい、そうすればすぐに良くなりますよ。

「この薬を飲めば、すぐに良くなりますよ」と訳してもいいですね。**get well** は「よくなる、治る」という意味ですが、代わりにほとんど同じ意味の **feel better**（気分がよくなる／具合が良くなる）を用いることも可能です。

③ Hurry up, or you'll be late.
　　急ぎなさい、そうしないと遅れますよ。

「急がないと、遅れますよ」と訳してもいいですね。if 節を使えば、**If you don't hurry up, you'll be late.** と言えます。反対に、**and** を使えば、**Hurry up, and you'll catch the train.**（急ぎなさい、そうすれば列車に間に合いますよ／急げば列車に間に合いますよ）なんてことも言えますね。

☐ **hurry up**「急ぐ」

④ Watch your step, or you'll slip and fall.
　　足元に気をつけなさい、さもないと滑って転びますよ。

「足元に気をつけないと、滑って転びますよ」と訳してもいいですね。**floor**（床）が **slippery**（滑りやすい）なときや、**road**（道路）が **icy**（凍った）なときに使える表現です。

☐ **watch *one's* step**「足元に気をつける」

公式 4 「何」を尋ねる疑問文

What 〜 ?

〜は何ですか

使い方のポイント

疑問詞の **What 〜** で始まる質問文は、ことさら頻繁に多用されます。**What**（何）をはじめ、疑問詞で始まる質問には、**Yes / No** で答えることはできません。**What** に対しては、具体的な内容で返答をするように心掛けましょう。

What による疑問文の代表的なパターンは、次の通りです。① 最もよく用いられるのが **<What ＋ be 動詞＋主語 ?>** と **<What ＋ do /助動詞＋主語＋動詞 ?>** です。例：**What is that?**（それは何ですか）、**What did you buy?**（あなたは何を買いましたか） ② **What** のすぐ後に名詞が来る場合もあります。**<What ＋ 名詞＋ be 動詞＋主語 ?>** と **<What ＋ 名詞＋ do /助動詞＋主語＋動詞 ?>** です。例：**What day is it today?**（今日は何曜日ですか）、**What language does he speak?**（彼は何語を話しますか）

✓ Check! ミニ会話

> M **What do you call this in English?**
> W **It's called a "vacuum cleaner."**
>
> 男 これを英語で何と言いますか。
> 女 それは "vacuum cleaner"（掃除機）と言います。

目の前にある物を英語でどう言えばよいかわからないときには、**What do you call this in English?** と聞きます。「それ」であれば、**this** を **it** にして、**What do you call it in English?** と言えばいいですね。もっと簡単に、**What's this in English?** や **What's the English for this?** でも OK です。もちろん、日本語に相当する英語がわからないときにも、この質問パターンを使えますよ。例：**What do you call "maguro" in English?**（「マグロ」を英語で何と言いますか）【答え】**tuna**

最も使える4例文

   What do you mean?
どういう意味ですか。

相手の言っている意味がよくわからない場合、また「一体どういうつもりなんだ？」と不快感を表す場合の2つのケースで用いる質問文です。文末に **by that** を加えて、**What do you mean by that?**（それは[具体的に]どういう意味ですか）と言うこともよくあります。さらに、「それは何という意味ですか」なら、**What does it [that] mean?** と言えば OK です。

   What are you talking about?
何言ってるの？

これも2つの意味を持つ決まり文句です。1つは相手を非難して「一体何言ってるんだ！」の意味です。もう1つは純粋に「何の話をしているのですか」と聞く場合の質問です。どちらの使い方にもしっかりと慣れておきましょう。

   What do you do for a living?
仕事は何をされていますか。

この質問文は、相手の職業を聞くときの決まり文句として、最もよく用いられるものです。**for a living** の部分は省略して、**What do you do?** と言うこともあります。第三者の職業を聞く場合は、**What is he [she]?** や **What's his [her] job?** でもよいわけですが、目の前の相手の職業を聞く場合は **What are you?** や **What's your job?** では非常にぶっきらぼうな感じでよい印象を与えないので、きちんと **What do you do for a living?** と聞くことをお勧めします。

   What time do you go to work every day?
毎日何時に仕事に出かけますか。

この質問は「会社に行くのに家を何時に出るか？」を聞く質問です。**What time** は **When** に変えても OK です。**go to work** を **get to work** にすれば、「毎日何時に会社に着きますか」の意味となるので、違いに注意しましょう。さらに「毎日、何時に仕事を始めるのですか」であれば、**What time do you start work every day?** と言えばいいですね。

公式 5

「誰」を尋ねる疑問文

Who 〜 ?

〜は誰ですか

使い方のポイント

　疑問詞の Who 〜 で始まる質問文も、Yes / No で答えることはできません。Who に対しては、誰（人物の名前）で返答をするように心掛けましょう。Who は、① <Who ＋ be 動詞/ do /助動詞＋主語 ?> と ② <Who ＋動詞 ?> の２つのパターンを覚えておくと便利です。

　①の例は Who is he?（彼は誰ですか）や Who did you see?（誰を見たのですか）などです。Who did you see? は Whom did you see? とも言えますが、日常会話では Whom よりも Who を用いるのが普通です。② の例は Who told you that?（誰があなたにそのことを話したのですか）で、Who が文の主語となっている点がポイントです。

Check! ミニ会話

> [M] **Who is coming to the party tomorrow?**
> [W] **Becky, Ken, Jenny, and some others.**
>
> [男] 明日のパーティーには誰が来るの？
> [女] ベッキー、ケン、ジェニーたちよ。

Who is coming?（誰が来ますか）や Who is coming to 〜 ?（誰が〜に来ますか）はパーティーや食事、集まりなどに誰が出席するのかを知りたいときに使える質問文です。通常は、来客の人数にかからわず、**Who is coming (to 〜)?** を用います。最初から来客数が２名以上（つまり複数）だとわかっている場合には **Who are coming (to 〜)?** と言うことも可能ですが、それでも実際には are よりも is の方が頻繁に用いられます。

最も使える4例文

 Who is the new manager?
新しい部長は誰ですか。

manager の部分を別の単語に入れ替えると、いろんなことが質問できます。新しく入ってきた先生のことであれば、**Who is the new teacher?**（新しい先生は誰？）と聞けますし、新しく入ってきた転校生のことであれば、**Who is the new student?**（新しい生徒は誰？）と聞けますね。

 Who is your favorite singer?
一番好きな歌手は誰ですか。

favorite は「（一番）大好きな、ひいきの」の意味の形容詞です。日本語の「一番」に引きつられ最上級を意識して、直前に **most** をつけないように注意しましょう。「一番好きな人」を聞く場合は、**Who is your favorite ～?** のパターンが便利です。例：**Who is your favorite actor [actress]?**（あなたの好きな男優［女優］は誰ですか）、**Who is your favorite baseball player?**（あなたの好きな野球選手は誰ですか）

 Who wants more coffee?
もっとコーヒーが欲しい人はいる？

この問いかけは、複数の相手に問いかけるときに非常に便利です。**coffee** の代わりに、**tea**（紅茶）、**cake**（ケーキ）、**pizza**（ピザ）、**soup**（スープ）なども使えますね。もしもコーヒーが欲しい場合には、**I do.** と答えましょう。もう欲しくないという人も、**No, thanks.**（いいえ、結構です）や **I'll pass.**（私はもうやめておきます）くらい言って意志をはっきりと伝えるようにしましょう。同じ意味で、**Would anyone like more coffee?** とも言います。

 Who did you hear it from?
それは誰から聞いたのですか。

文末の前置詞 **from** が重要です。**from** を忘れないように気をつけましょう。**From whom did you hear it?** とも言えますが、かなり堅い感じに聞こえるので、日常会話では **Who did you hear it from?** をお勧めします。

公式 6 「誰の」を尋ねる疑問文

Whose 〜 ?

誰の〜ですか

使い方のポイント

疑問詞 **Whose** は、公式 5 で扱った **Who** の所有格で「誰の〜」という所有の意味を表します。① **Whose pen is this?**（これは誰のペンですか）のように **<Whose ＋名詞＋ is 〜 ?>** で用いる場合と、② **Whose is this pen?**（このペンは誰のですか）のように **<Whose is 〜 ?>** で用いる場合の 2 つのパターンを覚えておくとよいでしょう。どちらもよく用いられますが、① の方が ② よりもやや頻繁に用いられる傾向があります。持ち主を知りたい場合には、どんどん **Whose** を使って質問しましょう。

✓ Check! ミニ会話

Ⓜ **Whose is that red car in the driveway?**
Ⓦ **It's Kari's new one.**

男 ドライブウェイにあるあの赤い車は誰の？
女 キャリーの新車だよ。

Whose 〜 による質問に対しては、**Kari's** のように「誰のもの」かがはっきりとわかるように所有格を用いて返答します。**Kari's new one** の **one** は、**car** のことを指しています。
□ **driveway**「ドライブウェイ（一般道路から自宅の車庫までの私設道）」

最も使える4例文

 Whose umbrella is this?
この傘は誰のですか。

umbrella [ʌmbrélə] は案外発音しにくい語です。特に [r] と [l] の音に注意して、しっかりと練習しておきましょう。この文は、**Whose is this umbrella?** と言うこともできます。

 Whose cellphone is this?
この携帯電話は誰のですか。

この文は、**Whose is this cellphone?** と言い換え可能です。「携帯電話」は **cellphone** の他、**cellular phone** や **mobile phone** とも言います。

 Whose dirty socks are these?
この汚いソックスは誰の？

子供が脱いだソックスを洗濯機に入れずにそのまま置きっぱなしにしておくと、お母さんは **Whose dirty socks are these?**（この汚いソックスは誰の？）と言いながら怒りをあらわにするものです。**socks**（靴下）や **shoes**（靴）は2つで1組の複数形なので、直後の be 動詞は **are** となるわけです。

 Whose book are you reading?
誰の本を読んでいるのですか。

この場合の **Whose book** は本の持ち主ではなく、本の著者を指しています。つまり、「どの著者の本を読んでいるのか」を聞いているわけです。

公式 7 「どこ」を尋ねる疑問文

Where 〜 ?

〜はどこですか

使い方のポイント

疑問詞の Where 〜で始まる質問文は、「どこ」（場所）について尋ねるときに用いられます。Where の後には普通の疑問文の語順が続きます。① **<Where + be 動詞 ?>** と ② **<Where + do /助動詞＋主語＋動詞 ?>** の 2 つのパターンを覚えておくと便利です。

① の例は **Where is my bag?**（私の鞄はどこですか）や **Where is the city office?**（市役所はどこですか）、**Where are you going?**（どこに行くのですか）などです。② の例は **Where did you buy that?**（どこでそれを買いましたか）や **Where can I get a taxi?**（どこでタクシーに乗れますか）です。**Where** の文は海外旅行などでも必ず使う基本パターンなので、しっかりと練習しておきましょう。

✓ Check! ミニ会話

M **Excuse me, where is Mr. Oliver's office?**
W **It's down the hall on your left.**

男 すみませんが、オリヴァーさんのオフィスはどこでしょうか。
女 この廊下の突き当たりの左側です。

通りがかりの人に場所を尋ねるときには、**Excuse me, (but) where is 〜？** を使うと便利です。同じことを **Excuse me, (but) where can I find 〜？** で表現することもできます。例：**Excuse me, where can I find Mr. Oliver's office?**

最も使える4例文

 Where are you from?
どちらのご出身ですか。

相手の出身地を尋ねるときの決まり文句です。その返答は、**I'm from 〜**となります。例：**I'm from Osaka, Japan.**（日本の大阪です）「どこから来られましたか」を直訳して（つまり過去形を使って）**Where did you come from?** と言う日本人は結構多いようですが、それは間違いです。「ここに来る前はどこにおられましたか」という意味になってしまうからです。

 Where do you live?
お住まいはどちらですか。

相手がどこに住んでいるかを聞く質問です。しっかりと **live** [lív] を発音しないと、**leave** [líːv] のように聞こえてしまい、トンチンカンな質問になってしまうので注意しましょう。

 Where shall we meet?
どこで会いましょうか。

Where の後には、be 動詞や **do**（**does** / **did**）だけでなく、助動詞を置くこともよくあります。**Where shall we meet?** は場所だけに言及する質問ですが、これを応用して「いつ、どこで会いましょうか」と時間と場所の両方を聞きたい場合には、**When and where shall we meet?** と言います。

 Where should I park?
どこに駐車すればいいですか。

ここも **Where** の後が助動詞の例です。この文の動詞 **park** は「車を駐車する」の意味の自動詞で用いられています。もちろん、**park** を他動詞（〜を駐車する）として用い、**park** の後に **my car** をつけることも可能です。ただし、多くのネイティブは **Where should I park my car?** よりも、**Where should I park?** の方を用いるようです。

公式 8 「いつ」を尋ねる疑問文

When 〜?

〜はいつですか

使い方のポイント

疑問詞の **When 〜** で始まる質問文は「いつ」（時）について尋ねるときに用いられます。文脈によって日本語の「いつ」や「何時に」に相当します。**When** の後にも普通の疑問文の語順が続きます。① **<Where + be 動詞 ?>** と ② **<Where + do /助動詞＋主語＋動詞 ?>** の２つのパターンを覚えておきましょう。

① の代表例は **When is your birthday?**（あなたの誕生日はいつですか）です。② の例は **When did she get married?**（彼女はいつ結婚しましたか）や **When can I pick it up?**（いつそれを受け取りに来ればいいですか）です。「何時」とはっきりした時間を聞きたい場合には、**When** の代わりに **What time** を使うこともできます。

✓ Check! ミニ会話

M **When is good for you?**
W **Next Monday would be good for me.**

男 いつがご都合がよろしいですか。
女 来週の月曜日ならいいですけど。

相手の都合の良い日・時間を聞く決まり文句として、**When is good for you?** はよく用いられます。相手が知り合いや友達であれば、少し軽い表現を使って、**When are you free?** や **When are you available?**、**When can you make it?** などと言っても OK です。**When is good for you?** よりももっとかしこまった表現として、**When is convenient for you?**（＝ **When is it convenient for you?**）や **When would be convenient for you?** などを使うこともできます。

最も使える4例文

① **When is he coming back from vacation?**
彼はいつ休暇から戻りますか。

vacation の部分を、**summer vacation**（夏休み）や **Christmas vacation**（クリスマス休暇）に変えて練習してみましょう。さらに、**vacation** の部分を「場所」にすれば、**When is he coming back from Thailand?**（彼はいつタイから戻りますか）とも言えます。

② **When is the meeting going to start?**
会議はいつ始まりますか。

the meeting の部分に、**the game**（試合）、**the exam**（試験）、**the movie**（映画）、**the party**（パーティー）などを入れてもいいですね。

③ **When was the last time you saw him?**
最後に彼に会ったのはいつですか。

When was the last time 〜 ?（最後に〜したのはいつでしたか）は非常に便利なパターンです。〜の部分には**＜主語＋動詞（過去形）＞**の文を入れてください。同じことを、**When did you see him last?** と言うことも可能です。

④ **When do you need it?**
いつそれが必要ですか。

When do you need it?（いつそれが必要ですか）と聞かれれば、**I need it tomorrow.**（明日必要なんです）などと答えます。ただし、文末に前置詞の **by** をつけると、**When do you need it by?**（いつまでにそれが必要ですか）となり、意味が少し変わります。職場の上司に仕事を頼まれたり、クライアントから依頼を受けたりした場合には、**When do you need it by?** を使って最終期日の確認をするといいですね。

公式 9

「どれ」「どの」を尋ねる疑問文

Which ～ ?

～はどれですか

使い方のポイント

Which は「どの」「どちらの」のように選択を表す疑問詞です。2つ、あるいはそれ以上のものの中から1つを選ぶ場合に用います。最も簡単なのは、直後に be 動詞が来る場合で、**Which is yours?**（どちらがあなたのですか）や **Which is bigger?**（どちらの方が大きいですか）がその例です。

また、**Which** の後には、他の疑問詞と同じく **do** や助動詞が続くこともありますし、**<Which ＋名詞 ～ >** の形が続くこともあります。例：**Which color do you prefer?**（どっちの色が好きですか）

Check! ミニ会話

W **Which would you like, beef or chicken?**
M **I'd like beef.**

女 ビーフとチキンのどちらになさいますか。
男 チキンをお願いします。

この質問はよく飛行機の中で客室乗務員に聞かれますね。レストランで聞かれる質問でもあります。もちろん、疑問詞 Which を用いずに、**Would you like beef or chicken?** と聞かれることもあります。**I'd like beef.** の代わりに、**I'd prefer beef.** と言っても OK です。もっと簡単に、**Beef, please.** でも構いません。

最も使える4例文

 Which one do you like best?
どれが一番好きですか。

one は目の前にある物を指します。いくつかある中で、どれが一番好きかと聞いているわけです。目の前に2つの物しかない場合には、**Which one do you like better?** または **Which one do you prefer?**（どちらが好きですか）と聞きましょう。

 Which floor is your office on?
あなたのオフィスは何階にありますか。

文末の **on** は省略可能です。この **Which floor is ～?** はビルの何階に自分の探している場所があるのかを質問するときに便利です。**Which floor is the toy department on?**（おもちゃ売り場は何階ですか）や **Which floor is women's clothing on?**（婦人服売り場は何階ですか）とも言えますね。**Which floor** よりも使用頻度は低くなりますが、**What floor** を使って、**What floor is your office on?** と言うことも可能です。

 Which bus goes to the airport?
空港行きのバスはどれですか。

<**Which ＋乗り物＋ goes to ＋場所?**> のパターンで覚えておくと、旅行中にとても便利です。例えば、**Which bus goes to the city center?**（市内へ行くバスはどれですか）や **Which train goes to Boston?**（どの電車がボストンに行きますか）などと質問ができますね。

 Which way is north?
どっちの方向が北ですか。

方向音痴の人なら地図を見ながら、通りがかりの人に **Which way is north?** と質問することがあるでしょう。さらに、現在地を知りたい場合には、公式8の **Where** を使って、**Where are we now?** や **Where am I now?**（ここはどこですか）と聞くことができます。ちなみに、英語では「東西南北」は、**north, south, east and west** と言います。日本語の順とは違う点が面白いですね。

公式 10

How で「方法」「様子」「状態」を尋ねよう

How 〜 ?

どのように〜ですか／〜はどうですか

使い方のポイント

How は「どのように〜ですか」と「方法・手段」を尋ねるだけでなく、「〜はどんな調子ですか」と「様子」「状態」を尋ねる疑問詞でもあります。方法・手段を聞く **How did you do that [it]?**（どうやってそれをやったんですか）、**How did you come here?**（ここへどうやって来ましたか）や、相手の調子を聞く **How are you?**（調子はどうですか）は最もよく使われる例です。

① <How do you *do* 〜 ?> と ② <How ＋ be 動詞＋主語 ?> の 2 つが代表的なパターンです。**How** の直後には他の疑問詞の場合と同じく、**do**（**does / did**）と be 動詞に加えて、助動詞（**will / can** など）も来ます。いろんな例文を作れるように練習しておきましょう。

Check! ミニ会話

> W **How did you do on your test?**
> M **I think I did well.**
>
> 女 試験はどうだった？
> 男 よくできたと思うよ。

相手に「何かの出来映え」について聞く質問が、**How did you do on your 〜 ?** です。プレゼンテーションや就職面接がうまく行ったかどうかを聞く場合には、**How did you do on your presentation?** や **How did you do on your job interview?** と言えばよいわけですね。なお、**How did you do on your test?** は、もっと簡単に **How was your test?** や **How did your test go?** と言うことも可能です。

最も使える4例文

❶ How do you go to work?
仕事にはどうやって行ってますか。

この質問は、相手に通勤手段を聞くものです。ここの **go** は **get** にしても OK です。返答として「マイカー通勤です」であれば、**I drive.** と言えばいいですし、「電車通勤です」であれば、**I take the train.** や **I commute by train.**（電車通勤です）と言えばいいでしょう。

❷ How do you spell it?
それはどのようにつづりますか。

相手に単語のスペルを聞くときに用いる質問です。「相手の名字」であれば、**How do you spell your last name?** と聞けばいいですね。使用頻度は下がりますが、受動態を使って **How is your last name spelled?** と言うことも可能です。

 last name「名字」

❸ How do you say "Tadaima" in English?
英語で「ただいま」はどう言いますか。

How do you say ～ in English?（英語で～はどう言いますか）は、重要な決まり文句です。「この日本語は英語でどう言うのかな？」と思ったときには、どんどんネイティブに質問してみましょう。帰宅したときの「ただいま」は英語でどう言うのでしょうか。英語では、状況に応じて **"Hi."** や **"I'm home."** などがそれに相当します。

❹ How was your trip?
旅行はどうでしたか。

「～への旅」という場合は **to ～**を加えて、**How was your trip to Europe?**（ヨーロッパ旅行はどうでしたか）と言います。**How was ～?** は相手に「～に関する感想」を尋ねる質問で、非常によく使われます。～の部分にいろんな名詞を入れてみましょう。例えば、**How was your flight?**（飛行機の旅はどうでしたか）、**How was your weekend?**（週末はどうでしたか）、**How was the weather in Guam?**（グアムの天気はどうでしたか）などと言えますね。

公式 11

Why の後は普通の疑問文の語順

Why 〜？

どうして〜ですか

使い方のポイント

「どうして〜？」「なぜ〜？」と「理由」を聞く場合は、**Why 〜?** です。Why の後には、普通の疑問文の語順が続きます。**Why is that?**（それはどうしてですか）や **Why do you like it?**（なぜそれが好きなのですか）などと言えばよいわけです。理由を聞くのに実に便利な表現パターンなのですが、日本人の英語学習者の中には、少し躊躇して **Why 〜?** の質問を敬遠気味な人が多いようです。別に相手にけんかを売っているわけではありません。欧米社会のみならず、現代のグローバル社会では、きちんと理由や原因を聞き出すコミュニケーション力は必要不可欠です。

Why 〜? と聞かれた場合の返答としては、**Because 〜**（なぜならば〜）が最も一般的です。

✓ Check! ミニ会話

> [W] **Why** did Peter quit his job?
> [M] **Because** he got a better one.
>
> [女] どうしてピーターは仕事を辞めたの？
> [男] もっといい仕事を得たからだよ。

a better one の **one** は **job** のことを指しています。実際の会話の中では **Because** の代わりに、短縮形の **Cuz** [kəz] を使う人もいますので慣れておきましょう。

☐ quit「〜をやめる」

最も使える4例文

① Why are you late?
どうして遅れたのですか。

遅刻をしたときに学校の先生からこのように理由を追及された経験は、みなさんにもあるのではないでしょうか。もちろん、デートの時間に遅れた場合には、恋人から **Why are you late?** を皮切りに小言を言われるかもしれません。遅刻常習犯に対しては、**Why are you always late?**（どうしていつも遅れるの？）ともっときついコメントを浴びさせられるかもしれませんよ。いずれにせよ、**Why are you late?** と言われたら、ひたすら平身低頭して **Because 〜** と理由を述べてわびるのがルールでしょうね。

② Why are you leaving so early?
なぜそんなに早く帰ってしまうの？

パーティーや人の家を訪問している際に、どうしても私用で早めに帰らなければいけないことって誰にでもありますよね。そのようなときに、よくこの質問を受けます。きちんと理由を言えば、相手はすぐに理解してくれるはずです。

③ Why do you think so?
どうしてそう思うのですか。

「相手はどうしてそのように考えるんだろう？」と思ったときには、すかさずこの決まり文句を使ってください。**Why** を **What** に変えて、**What makes you think so?** と言っても同じ意味を表します。この場合の **make** は使役動詞（〜させる）です。両方とも使えるように練習しておきましょう。

④ Why do you say that?
どうしてそんなことを言うのですか。

「どうしてそんなことを言うの？／なぜそんなふうに言うの？」と言いたい場合の決まり文句です。❸と同様、**What** と使役動詞 **make** を使えば、**What makes you say that?** と言うことができます。

公式 12 「種類」を尋ねる疑問文

What kind of ＋ 名詞 ～ ?

どんな種類の〜ですか

使い方のポイント

「どんな種類の〜ですか」と質問したいときは、**What kind of 〜?** のパターンを用います。**kind** の代わりに、**sort** を使って **What sort of 〜** と言うこともあります。**What kind of** の直後には、必ず名詞を置くことを覚えておきましょう。名詞の部分は、名詞の種類や状況などに応じて、単数形または複数形になります。例：**What kind of wine is this?**（これはどんな種類のワインですか）、**What kind of movies do you like?**（どんな映画が好きですか）

さらに、**kind** が複数の **kinds** となることもあります。例：**What kinds of drinks do you have?**（どんな飲み物がありますか）

Check! ミニ会話

W **What kind of salad dressing** would you like?
M **What kinds of dressing** do you have?

女 サラダのドレッシングは何になさいますか。
男 どんな種類のドレッシングがありますか。

レストランでの食事にはよく **soup** か **salad** がついてくるわけですが、サラダの場合は、**What kind of salad dressing would you like?** や **What kind of dressing would you like on your salad?**（サラダのドレッシングは何になさいますか）と聞かれます。どんなドレッシングがあるかを知りたい場合は、**What kinds of dressing do you have?** と尋ねるのが賢明です。ただしです！この質問をした直後に、あなたの **waiter**（または **waitress**）は、マシンガンスピードで10種類近くのドレッシング名を言ってきます。リスニング力に自信のない人は、最初から自分の好きなドレッシングは **Thousand Island**、**Italian**、**French** の中から1つ決めておいた方が無難かもしれませんね。

最も使える4例文

 What kind of dog is this?
これは何という犬種ですか。

世界には700〜800種類もの犬がいると言われていますが、犬種についての質問がこれです。犬にさほど興味のない人でも、犬の飼い主（**dog owner**）にこの質問をすれば、案外会話が面白く展開して、楽しい一時を味わえるかもしれませんよ。

 What kind of music do you like?
どんな種類の音楽が好きですか。

「どんな種類の〜が好きですか」の基本パターンは、**What kind of 〜 do you like?** です。〜の部分に、**books**（本）、**TV programs**（テレビ番組）、**food**（食べ物）などいろんな語を入れて質問すれば面白いですよね。「どんな音楽を（普段）聞いていますか」は **What kind of music do you listen to?** です。

 What kind of person is she?
彼女はどんなタイプの人ですか。

What kind of person は、**What type of person** や **What sort of person** に言い換えても OK です。さらに、「あなたはどんなタイプの男性［女性］が好きですか」であれば、**What kind of man [woman] do you like?** と言えばいいですね。

 What kind of car do you drive?
どんな車に乗っていますか。

What kind of car は直訳すると「どんな種類の車」ということなので、返答としては、RV車（**recreational vehicle**）、セダン（**sedan**）、ミニバン（**minivan**）、ワゴン（**station wagon**）、スポーツカー（**sports car**）などと答えるべきだと考える人もいるかもしれません。しかし、通常これは「どこのメーカーのどういう名前の車に乗っているのか」を尋ねる質問文として用いられます。もっと簡単に、**What do you drive?** と質問する人もいます。返答として、「トヨタのカローラに乗っています」であれば、**I drive a Toyota Corolla.** と言えば OK です。

公式 13

> 動詞 think は What との結びつきが強い

What do you think of [about] 〜 ?

〜についてどう思いますか

📝 使い方のポイント

　What do you think? だけなら「どう思いますか／どうでしょうか」の意味です。一方、「〜についてどう思いますか」と物事を挙げて相手の意見を尋ねる場合には、**What do you think of [about] 〜 ?** が用いられます。会話の中では **of** を使っても、**about** を使ってもほとんど意味は変わりません。強いて言うなら、そのニュアンスの違いは **think of** が「〜についてちょっと考える」、**think about** が「〜についていろいろ考える」くらいです。また、傾向として **think of** は物事の好き嫌いについて尋ねる場合に、**think about** は将来の予定や計画について意見を求める場合によく用いられます。

　とはいえ、一般的に相手の意見を尋ねるときには、**What do you think of [about] 〜 ?** のどちらでも OK です。ただし、日本語の「どう思う」に引きずられて、**How do you think of [about] 〜 ?** とするのは誤りです。疑問詞 **How** は動詞 **feel** との結びつきが強いため、**How do you feel about 〜 ?** となります。これはどちらかといえば、意見よりも印象について尋ねるニュアンスがあります。

✅ Check! ミニ会話

> W **What do you think of** my new hair style?
> M **Cool! I like it.**
>
> 女 私の新しいヘアスタイルをどう思う？
> 男 いけてるよ。僕は好きだなあ。

What do you think of 〜 ? のパターンを使って、自分のことについてもどんどん質問してみましょう。この男性のように、女性のことはしっかりと褒めてあげるといいですね。

□ **cool**「素晴らしい、格好いい」

最も使える4例文

 What do you think of his plan?
彼の計画をどう思いますか。

his plan の部分を、**his idea**（彼の考え）や **his proposal**（彼の提案）などに変えると、質問の幅が広がりますね。

 What do you think of global warming?
地球温暖化についてどう思いますか。

What do you think of [about] 〜? のパターンを用いれば、さまざまな社会問題について相手の意見を聞くことができます。**global warming**（地球温暖化）の部分に、**whaling**（捕鯨）、**gun control**（銃規制）、**brain death**（脳死）、**mercy killing**（安楽死）、**space development**（宇宙開発）などを入れると、大人の会話が楽しめますね。ただし、あまりにおおざっぱな問題よりも、トピックを少し絞り込んで具体的に質問する方が、相手も答えやすくなりますので、できるだけ適切な質問をするように心掛けるとよいでしょう。

☐ **global warming**「地球温暖化」

 What do you think about living in Japan?
日本での生活についてどう思いますか。

think of [about] の後には名詞が来ますので、**live** は動名詞の **living** になるわけですね。**about** の後に動名詞の形を使えるようにしておきましょう。例：**What do you think about shopping online?**（インターネットショッピングをどう思いますか）

 What did you think of the concert yesterday?
昨日のコンサートをどう思いましたか。

What の後の **do** を **did** にすれば、過去の出来事に対してどう思ったかを尋ねる質問文になります。**the concert** の部分を、**the movie**（映画）や **the play**（劇）などに変えると、いろんなことに対して相手の意見や感想を聞くことができます。

公式 14

前置詞としての like を使いこなそう

What is ～ like?

～はどんな感じですか

使い方のポイント

　ある人や物が「どんな感じか」を尋ねるパターンが **What is ～ like?** で、非常によく使います。**What's the new teacher like?**（新しく来た先生ってどんな感じ？）のように使います。最後の **like** の部分を忘れずに言うことが重要です。この場合の **like** は前置詞で「～のような」の意味を表します。

　同じ意味を **How** で表現することもできますが、そのときには **like** が消えて、**How is ～?** となります。**How's the new teacher?** のように言うわけです。また、「～するのはどんな感じですか」と言いたい場合には、**What is it like *doing* / to *do* ～?** の形を使うこともできます。この形を使う場合は、**like** の後に動名詞または to 不定詞が来ます。

Check! ミニ会話

W **What's your girlfriend like?**
M **She's amazing — beautiful, sweet, and intellectual.**

女 あなたのガールフレンドってどんな人？
男 彼女はすごいよ—きれいで、優しくて、しかも知的で。

この男性のように、英語圏では、恥ずかしがらずにこれくらい堂々とおのろけ連発をしてよいのです。ここでの **girlfriend** と **boyfriend** は「彼女」「彼氏」の意味です。

□ **amazing**「すごい、驚くべき」　□ **sweet**「優しい、かわいい」　□ **intellectual**「知的な」

最も使える4例文

① What's the weather like in London?
ロンドンのお天気はどうですか。

このパターンを覚えておけば、天気についていろんな質問ができるようになります。**What's the weather like in July?**（7月のお天気はどんな感じですか）や **What's the weather like in your area?**（そちらのお天気はどんな感じですか）とも言えますね。もちろん、**How** を使って、**How's the weather in London?** と言っても OK です。

② What's the food in Malaysia like?
マレーシアの料理ってどんな感じですか。

いろんな国の料理の特徴について聞きたい場合は、**in Malaysia** の部分を、**in Germany**（ドイツでは）、**in Spain**（スペインでは）、**in Ghana**（ガーナでは）とすればいいですね。相手の国の何かについて聞く場合は、**What's the 〜 in your country like?** でよいわけです。

③ What was your childhood like?
あなたの子供時代はどんな感じでしたか。

子供の頃、どんな風に過ごしたのかを聞きたいときに使える質問です。相手の昔の思い出話を聞かせてほしいときに、こんな質問をするといいですよ。
□ **childhood**「子供時代、幼年時代」

④ What is it like living in Tokyo?
東京に住むのはどんな感じですか。

What is it like *doing* / **to** *do* 〜？の形です。**What is it like to live in Tokyo?** とも言えますが、**like** の後には to 不定詞よりも、動名詞（*doing*）が来るケースの方が使用頻度は高いようです。**What is it like having [to have] five children?** であれば、「5人子供がいるというのはどんな感じですか」の意味となります。

公式 15

How で「程度」を尋ねよう

> **How + 形容詞 / 副詞 〜？**
>
> どのくらい〜ですか

使い方のポイント

How の後に形容詞／副詞を置いて、「どのくらい〜ですか」と「程度」を尋ねる質問文です。**How** の後には、さまざまな形容詞や副詞が来ます。会話文の中では、以下がよく用いられます。

- ☐ **How old**（年齢）
- ☐ **How tall**（背丈）
- ☐ **How high**（高さ）
- ☐ **How deep**（深さ）
- ☐ **How large**（大きさ／広さ）
- ☐ **How long**（長さ）
- ☐ **How many**（数）
- ☐ **How much**（量／程度／価値）
- ☐ **How often**（頻度）
- ☐ **How far**（距離）
- ☐ **How fast**（速さ）
- ☐ **How good**（能力）
- ☐ **How hard**（難易度）

✓ Check! ミニ会話

M: **How long** does it take from here to the airport?
W: It takes only 10 minutes by bus.

男: 空港までどのくらい時間がかかりますか。
女: バスでほんの 10 分です。

How long does it take 〜？は「（〜に）どのくらい時間がかかりますか」と所要時間を尋ねるときに使います。**take** の後に to 不定詞が来ることもあります。例：**How long does it take to get there?**（そこまで行くのにどのくらい時間がかかりますか）

最も使える4例文

❶ How far is it from here to the hotel?
そのホテルまで距離はどのくらいありますか。

How far は「距離」を聞く場合に用います。**How far is it 〜？** の **it** は、距離を述べる文の主語になる形式的な **it** です（公式 59 で学びます）。**from here** を取って、**How far is it to the hotel?** と簡単に言っても構いません。それに対して、「約 5 マイルです」と答える場合には、**It's about five miles.** と言います。

❷ How many people are in your family?
何人家族ですか。

there をつけて、**How many people are there in your family?** としても OK です。ただし、**How many members 〜？** は駄目ですよ。自分の家族の話をするときには、家族の者を"メンバー"とは言わないからです。返答として「5 人家族です」であれば **Five (people).** と簡単に答えてもいいですし、**There are five people in my family.** と答えることもできます。

❸ How much did you pay for it?
それにいくら払いましたか。

「それをいくらで買いましたか」と訳すことも可能です。**How much** の部分を **What** にして、**What did you pay for it?** と言うこともできます。**it** の部分に具体的な名詞をおけば、いくらでも応用範囲は広がります。例えば、**How much did you pay for groceries today?**（今日は食料品にいくら払いましたか）などと言えるわけです。

❹ How often do you eat out?
外食はどのくらいしますか。

How often は「どのくらいの頻度で」という意味です。**How often** の代わりに、**How many times**（何回〜か）を使うとより具体的な質問になり、**How many times do you eat out a week [month]?**（1週間に[1ヵ月に]何回外食をしますか）のように言います。

☐ **eat out**「外食をする」（= **dine out**）

公式 16

助動詞 will の３つの用法をマスターしよう

I'll do ～

～するでしょう／～するつもりです

使い方のポイント

助動詞の will について、ここでは３つのことをマスターしましょう。まずは、①「単純未来」です。これは主語の意志とは関係なく、未来に起こる予定、あるいは起こりそうな事について述べる場合の will です。例：**My son will be in elementary school next year.**（私の息子は来年小学生になります）

will は「予定」「自然の成り行き」だけでなく、②話し手の「予想」「推量」や「確信」「保証」なども表します。例：**It'll rain tomorrow.**（明日は雨になるでしょう）、**You'll be sorry.**（後悔するぞ）

さらに、will は③「意志未来」も表します。これは主語（話者）の意志や決定を表すもので、話をしているその時点での意志を表します。will は話をしているその時に（その場で）「～する気になった」ということを表すのです。例：**I'll stop smoking.**（これからは禁煙します／これからは禁煙するつもりです）

✓ Check! ミニ会話

> W **Have you submitted your proposal to the manager yet?**
> M **No, but I'll do it this afternoon.**
>
> 女 もう部長に企画書を提出したの？
> 男 ううん、でも午後にそうするよ。

男性は今の時点ではまだ企画書を提出していませんが、午後には提出するつもりだという「意志」を表しています。そこで、**I'll do it**（それをするつもりだ）と言っているわけです。

□ **submit**「～を提出する」　□ **proposal**「企画（書）」　□ **manager**「部長」

最も使える4例文

① I'll be twenty-five next birthday.
　　私は今度の誕生日で 25 歳になります。

これは「単純未来」の例です。自分の意志に関係なく、年齢は時の経過と共にとっていくものだからです。**next birthday** の前に、**on my** を入れても構いません。この英文を応用すれば、**I'll be forty this October.**（この 10 月に私は 40 歳になります）とも言えますね。

② The plane will arrive on time.
　　その飛行機は定刻に到着するでしょう。

これは話し手の「予想／推量／確信／保証」を表す **will** の例です。**The weather will be fine tomorrow.**（明日はいい天気になるでしょう）も同じ用例です。
□ **on time**「時間通りに」

③ I'll call you tonight.
　　今晩電話するね。

これは「意志未来」の例です。最初から相手に電話することを予定していたのではなく、主語（I）が今話している時点で、「あなたに今晩電話することを今決めました→（だから）今晩電話しますね」というわけです。

④ I'll be back in a minute.
　　すぐに戻ってきます。

これも「意志未来」の例です。主語（I）が今話している時点での意志を伝えて、「すぐに戻ってくるつもりです→すぐに戻ってきます」と言っているわけです。この表現は、一時的に席を外すときによく用います。これを応用すれば、**I'll be back soon.**（すぐに戻ってきます）、**I'll be right back.**（すぐ戻ります）、**I'll be back in 5 minutes.**（5 分で戻ってきます）、**I'll be back in a little while.**（少ししたら戻ってきます）などのようにいろんな表現が可能です。
□ **in a minute**「すぐに」

公式 17

will と be going to do を使い分けよう

I'm going to do 〜

〜する予定です

使い方のポイント

　ここでは、**be going to do 〜**の基本的な使い方を2つマスターします。まずは、① 話者が話をする前からすでに決定していた計画や、あらかじめ考えていた意志について、「〜するつもりでいた」ことを表現する場合です。これは、公式16で扱った **will** としっかり比較して覚えておかなければなりません。**will** の方は、話をしているその時点での意志を表しますが、**be going to do 〜**は「すでに決定している／確実である」ことが今の時点でわかっている場合に用います。例：**I'm going to visit Seattle next week.**（来週シアトルに行く予定です／来週シアトルに行きます）

　さらに、**be going to do 〜**は ②「推量」の意味を表すこともあります。この場合、何らかの兆候や現在の状況によって、「〜になる」という判断を話者が下すニュアンスがあります。**It'll rain tomorrow.** は、単に「明日は雨が降るだろう」という予測を表しますが、**It's going to rain this afternoon.** は「（現在雨雲が見えるので）昼からは雨が降りそうだ」という推量を表します。

　口語では、**going to** の部分はよく **gonna**（ガナ／ゴナ）と発音されます。

✓ Check! ミニ会話

> M Are they engaged?
> W Yes. They are going to get married next month.
>
> 男 彼らはもう婚約してるの？
> 女 ええ。彼らは来月結婚するのよ。

女性は彼らが現在婚約中であり、さらに来月結婚する予定であることを知っているため、**be going to do** を使って表現しているわけです。

☐ engaged「婚約して」　☐ get married「結婚する」

最も使える4例文

❶ I'm going to buy the book.
　　　私はその本を買うつもりです。

すでにその本を買うつもりでいる場合に、このように言います。みなさんも、もうすでにデジカメ、コンピュータ、オートバイなどを買う心の準備ができている場合には、**I'm going to buy a digital camera [computer / motorbike].** などのように言うことができますよ。

❷ We're going to move to Kobe next month.
　　　来月私たちは神戸に引っ越しします。

すでに引っ越しの予定が決まっているわけですね。すでに家族で「ドイツに転勤する」ことや「オーストラリアに移住する」ことが決まっている場合にも、このパターンを使えば、**We're going to move to Germany [Australia].** と言えます。

❸ I'm going to play tennis with Ben this afternoon.
　　　今日は午後からベンとテニスをします。

すでにベンとテニスをする約束をしていることがわかります。このようなときに *be* going to *do* 〜を用いると、話者の意志（〜するつもりだ／〜する予定だ）がはっきりと表せるわけです。

❹ It's going to snow at any moment.
　　　今にも雪が降りそうな天気です。

空模様を見て、近い将来の推測をしている例です。何らかの兆候にもとづく話し手の主観的な判断を表しています。

□ **at any moment**「今にも、すぐにも」（= at any minute）

公式 18 — 現在進行形は「反復」「予定」も表す

$$\boxed{主語} + \boxed{be 動詞} + doing$$

〜しています

使い方のポイント

進行形は <be 動詞 + doing（現在分詞）> の形式で、「〜している」という意味を表します。進行形には主に ① 現在進行形：<is / are + doing>（今〜しています）、② 過去進行形：<was / were + doing>（〜していました）、③ 未来進行形：<will be + doing>（〜しているところでしょう）の３つがあります。ここでは、特に①の現在進行形にしぼって練習します。

現在進行形、過去進行形で最もよく用いられるのが、「〜しかけている」という動作の進行です。例：**The baby is [was] sleeping.**（赤ちゃんは寝ています［寝ていました］）　また、現在進行形は頻度を表す副詞と共に「動作がしばしば反復されること」も表します。例：**He's always criticizing people.**（彼は人を批判してばかりいます）　さらに、現在進行形は「近い未来の予定」をも表します。例：**I'm leaving for Los Angles tomorrow morning.**（私は明日の朝、ロサンゼルスへ向けて出発します）

✓ Check! ミニ会話

[M] **What is Tim doing?**
[W] **He's cleaning his room now.**

[男] ティムは何をしてるんだい？
[女] 彼は今、部屋の掃除をしてるわ。

男性も女性も現在進行形を使っています。このように現在進行形は今起きている進行中の動作・出来事を表すものなので、状態を表す動詞（**live / keep**）や知覚を表す動詞（**see / hear**）、思考を表す動詞（**want / know**）などは原則として使えないことを覚えておきましょう。

最も使える4例文

❶ She's cooking dinner now.
彼女は今、夕食を作っています。

「動作の進行」を表す現在進行形の例です。このタイプの進行形が会話の中で最も用いられます。例：**He's watching TV now.**（彼は今テレビを見ています）、**I'm listening to music now.**（私は今音楽を聞いています） **now** は無くてもよいですが、あるとよりわかりやすくなります。

❷ The telephone is ringing.
電話がなっています。

「出来事の進行」を表す現在進行形の例です。もしも、家族の人が **The telephone is ringing.**（電話がなっているよ）と言ったときには、公式16でマスターした **will** を使って、**I'll get it.** または **I'll answer it.**（私が出るわ／僕が出るよ）と言えばいいですね。

❸ He's always complaining.
彼はいつも愚痴っています。

「現在の反復的な動作」を表す例です。何かについての愚痴であれば、**about** をつけて、**He's always complaining about his boss.**（彼はいつも上司のことを愚痴っています）や **He's always complaining about everything.**（彼はいつも何にでも文句を言っています）のように言います。

❹ My wife is having a baby in July.
妻は7月に子供が産まれます。

「近い未来の予定」を表す例です。すでに出産予定日がわかっているため、現在進行形で未来を表せるわけです。

公式 19

受動態で使う前置詞は、by 以外にもいろいろ

主語 ＋ be 動詞 ＋ 過去分詞

～されます／～されました

🚩 使い方のポイント

　受動態（受け身）は、<be 動詞＋過去分詞> の形式で、「～される」の意味を表します。ここでは be 動詞の部分を、現在形・過去形の２つの時制にして練習しましょう。受動態の作り方を具体的に説明します。**Paul painted the door.**（ポールはドアにペンキを塗りました）は動作主を主題にした能動態の文ですね。これを受動態にするには、**The door** を主語にして、動詞を <be 動詞＋過去分詞> に変えて、文尾を <by ＋動作主> で終わればよいので、**The door was painted by Paul.**（ドアはポールによってペンキを塗られました）となります。ただし、会話の中では、動作主が明らかである場合や、動作主が一般の人々である場合などが非常に多く、80％以上は <by ＋動作主> を使わないと言われています。例：**English is spoken in New Zealand.**（ニュージーランドでは英語が話されます）

✅ Check! ミニ会話

Ⓜ **Excuse me. Is this seat taken?**
Ⓦ **No, go ahead.**

男 すみません。この席、どなたか座ってますか（空いてますか）。
女 いいえ、どうぞ。

　Is this seat taken? は受動態を用いた決まり文句です。「この席は（誰かに）取られていますか→この席、空いていますか」の意味となります。空いているときには **No, go ahead.**（いいえ、どうぞ）や **No, it's all yours.**（いいえ、あなたの席にどうぞ）と、すでに取られている場合には、**Yes, it is.**（ええ、そうなんです）や **Sorry, my husband is coming.**（ごめんなさい、主人が後で来ます）と言えば OK です。「この席は空いていますか」は **Is someone [anyone] sitting here?** や **Are you expecting someone?** と表現することもできます。

最も使える4例文

❶ The new building was designed by a Swiss architect.
その新しい建物はスイス人の建築家によって設計されました。

能動態の **A Swiss architect designed the new building.** を **by** を用いて受動態にした文がこれです。
☐ **design**「〜を設計する」 ☐ **Swiss**「スイスの」 ☐ **architect**「建築家」

❷ I'm completely satisfied with the result.
私はその結果にまったく満足しています。

by 以外の前置詞を使う受動態はたくさんあります。特に、「感情・心理状態」を表す受動態は **by** 以外の前置詞を使うものが多いです。**be satisfied with 〜**（〜に満足する）の他に、**be excited about 〜**（〜にわくわくする）、**be shocked at 〜**（〜にショックを受ける）、**be scared of 〜**（〜を怖がる）などがあります。**The top of the mountain is covered with snow.**（その山の頂上は雪で覆われています）や **The garden was filled with flowers.**（その庭は花でいっぱいでした）のように **by** 以外の前置詞を使う受動態に慣れておきましょう。

❸ Many people were killed in the plane crash.
多くの人がその飛行機の墜落事故で亡くなりました。

事故や戦争などで人が亡くなる場合、受動態を使うときには「殺された」と英語では考えます。英語の持つ特徴の１つとして覚えておきましょう。例：**The soldier was killed in the war.**（その兵士は戦死しました）
☐ **plane crash**「飛行機の墜落事故」

❹ He was caught speeding last night.
彼は昨晩スピード違反で捕まりました。

動作主が警察ということが明白なので、**<by ＋動作主>** が消えています。**for** をつけて、**He was caught for speeding last night.** と言っても OK です。最近は、**He [She] was arrested for drugs.**（彼［彼女］は麻薬で逮捕されました）というニュースが日本でも多いですね。
☐ **speeding**「スピード違反」

公式 20

「不特定の主語の存在」を表す There 構文

There ＋ be動詞 ＋ 主語

〜があります／〜がいます

使い方のポイント

「〜がある／〜がいる」という「存在」の意味を表す There 構文をマスターしましょう。文頭の **There** は形式主語なので、弱く発音します。**There** の後には、<be動詞（**is / are / was / were** など）＋主語> が来ます。be動詞の部分に <**have / has been**> が来ることもあります。

主語の部分には、初めて話題にのぼる「不定の名詞」（**the** がつかない名詞）を置かなければなりません。よって、**There's a pen on the desk.** は OK であっても、**There's the pen on the desk.** や **There's your pen on the desk.** は誤りということになります。定冠詞の **the** や代名詞の **your** は名詞を特定してしまうので、There 構文の主語には適さないわけです。これらの場合には、**The pen is on the desk.** や **Your pen is on the desk.** と言わなければなりません。

✓ Check! ミニ会話

M **Is there a drugstore** around here?
W Yes, **there's one** down the road.

男 この辺りに薬局はありますか。
女 はい、この道を行くとありますよ。

「この辺りに〜はありますか」には、**Is there 〜 around here?** のパターンで覚えておくと便利です。**around here** の代わりに、**near here** や **nearby** を使ってもOKです。**down the road**（この道の先に）の代わりに **a little farther on**（もう少し行った所に）を使うこともできます。**there's one down the road** の **one** は、**a drugstore** のことを指しています。

□ **drugstore**「薬局、ドラッグストア」

最も使える4例文

❶ There is a great steakhouse in the hotel.
そのホテルにはすごくいいステーキ屋があります。

There is 〜のパターンを使って、「どこどこに〜がある」を自由に表現してみましょう。街に出れば、**bookstore**（書店）、**restaurant**（レストラン）、**cafe**（カフェ）、**department store**（デパート）などいろいろと興味深い所がありますよね。
☐ **steakhouse**「ステーキ専門レストラン」

❷ There were a lot of people at the mall yesterday.
昨日モールには多くの人がいました。

具体的な数字を用いたい場合には、**There were about 30 people at the meeting.**（会議には約30名の人がいました）などと言えばいいですね。人を主語にした There 構文は、会話の中で実に頻繁に用いられます。
☐ **mall**「ショッピングモール」

❸ Is there any more coffee?
コーヒーはまだありますか。

There 構文を疑問文にした例です。**Is there any more 〜?**（〜はまだありますか）を覚えておけば、食卓での会話に便利です。〜の部分に、**milk**（牛乳）、**soup**（スープ）、**cake**（ケーキ）、**ice cream**（アイスクリーム）、**wine**（ワイン）などを入れればよいわけです。

❹ There have been many accidents at this intersection.
この交差点では多くの事故が起きています。

現在完了を用いた There 構文の例です。ここは主語が **accidents**（複数名詞）なので、**There has been** ではなく、**There have been** となっていることを確認しておきましょう。
☐ **intersection**「交差点」

公式 21

カジュアルに「願望」を表すには

CD 22

I want to *do* ～

～したいなあ

📝 使い方のポイント

　I want to *do* ～（～したいなあ／～したいよ）は、自分の「強い願望」を直接的に述べる表現です。「あんなことしたいなあ／こんなことしたいなあ」という気持ちをカジュアルに述べる表現なのです。よって、家族や友達の間では使いますが、目上の人やあまり親しくない人に対しては使いません。親しくもない間柄で使えば、「大人のくせに子供っぽい人だ」というようなネガティブな印象を与えてしまうことになるので、要注意です。

　I want to *do* ～の丁寧な言い方は、公式 22 の **I'd like to *do* ～**で扱います。日常会話では、**want to** の部分は省略されて、**wanna**（ワナ）のように発音されることが多いので慣れておきましょう。

✅ Check! ミニ会話

> Ⓜ **What do you want to eat for lunch, Ann?**
> Ⓦ **Well, how about some Italian food?**
>
> 男 アン、昼食に何を食べたい？
> 女 そうねえ、イタリアンはどう？

　男性の **What do you want to eat for ～?** はそのままの形で覚えておきましょう。～の部分には、**breakfast**、**lunch**、**dinner** が来ます。**eat** の代わりに **have** を使ってもいいですよ。女性は **how about ～?** とイタリア料理を提案しています。この **how about ～?** については公式 68 で詳しく学びます。

最も使える4例文

> ❶ **I want to be** a pilot.
> パイロットになりたいな。

幼いとき、みなさんはよく「大きくなったら何になりたい？」（**What do you want to be when you grow up?**）と聞かれたことがあると思います。その答えとして、**I want to be 〜**のパターンを覚えておくと便利です。**be** の後に、**a teacher**（先生）、**a doctor**（医師）、**a singer**（歌手）、**a pro baseball player**（プロ野球選手）、**a firefighter**（消防士）などを入れて答えるわけです。

> ❷ **I want to have** steak for dinner.
> 夕食はステーキが食べたいよ。

夫婦、家族、あるいは友達との会話と考えてください。「今日の夕食は○○を食べたい」というときには、**I want to have 〜 for dinner.** のパターンを使って、〜の部分に **spaghetti**（スパゲティー）、**pizza**（ピザ）、**sushi**（寿司）などを入れて練習してみましょう。

> ❸ **I want to change** jobs.
> 転職したいよ。

家族や友達に言っている感じです。「転職をする」は、今の仕事を辞めて、次の仕事に移るということなので、**job** は複数形にして **jobs** とします。「電車を乗り換える」を **change trains** と言うのとよく似ています。あるいは単数形の **job** を使って、**I want to change my job.** と言うこともできます。

> ❹ **I want to make** up with you.
> 君と仲直りしたいんだ。

人とけんかした後には、やっぱり互いをゆるし合って、仲直りしたいものですよね。そんなときによく使う決まり文句がこれです。**I want to patch things up with you.** とも言います。

□ **make up with 〜**「〜と仲直りする」

51

公式 22 丁寧に「願望」を表すには

I'd like to *do* 〜

〜したいです

使い方のポイント

公式21の **I want to *do* 〜**（〜したいなあ）は自分の願望を直接的に表す表現でしたが、**I'd like to *do* 〜**（〜したいです／〜したいと思います）は申し出や願望・希望を丁寧かつ控えめに表す表現です。「**I'd like to *do* 〜**は、**I want to *do* 〜**の丁寧バージョン」と覚えておくとよいでしょう。

I'd like to *do* 〜の **I'd** は、**I would [should]** の省略形です。日常会話では **I would like to *do* 〜**は用いられますが、**I should like to *do* 〜**はほとんど用いられません。**I'd like to *do* 〜**はそもそも仮定法の1つであり、「もしもできることなら、〜したいです」という気持ちを表すため、相手が誰であっても使える万能表現だと言えます。お店で、レストランで、ホテルで、飛行機の中で、ビジネスで、オフィスでと、いろんなシーンで応用できる実用性の高い表現パターンです。

✓ Check! ミニ会話

> [W] For how many nights?
> [M] **I'd like to stay** for three nights.
>
> [女] 何泊のお泊まりでしょうか。
> [男] 3泊したいのですが。

ホテルの予約あるいはチェックインの際の会話です。女性は **For how many nights?** と言っていますが、**How long would you like to stay?** と聞く人もいます。**I'd like to *do* 〜**（〜をしたいです／〜をお願いします）は自分の希望を丁寧に言う表現として、実に適切な表現なのです。

最も使える4例文

❶ I'd like to try this on.
　　これを試着したいのですが。

服を買うときに客が店員に聞く決まり文句が、**I'd like to try this on.** です。もちろん、**May I try this on?** と言うことも可能です。なお、ズボンや靴などは複数で扱うので、**I'd like to try these on.** や **I'd like to try them on.** となります。

❷ I'd like to invite you to dinner tomorrow.
　　明日夕食にお招きしたいのですが。

人を招待したいときによく使う表現が、**I'd like to invite you to ～**（あなたを～にお招きしたいのですが）です。丁寧かつストレートに誘うことのできる表現です。これを覚えておけば、相手を「我が家に招待したい」「パーティーに招待したい」場合には、**I'd like to invite you to my house.** や **I'd like to invite you to the party.** と言えますね。

❸ I'd like to make a reservation for five next Sunday.
　　今度の日曜日に5人で予約をお願いしたいのですが。

これはレストランに予約を入れる場合の表現です。何でも予約を入れたい場合には、**I'd like to make a reservation for ～**（～を予約したいのですが）を使うと便利です。例：**I'd like to make a reservation for three people at eight o'clock tonight.**（今晩8時に、席を3人分予約したいのですが）、**I'd like to make a reservation for a single room for two nights from November 8.**（11月8日からの2晩、シングルを1部屋予約していただきたいのですが）

❹ I'd like to have a window seat.
　　窓側の席をお願いします。

飛行機の席を希望するときによく使う決まり文句です。「通路側の席」を希望する場合には、**I'd like to have an aisle seat.** と言います。また、「席の変更」を希望する場合には、**I'd like to change my seat.** と言います。さらに、ホテルの部屋について希望するときにも、このパターンが使えます。例：**I'd like to have a single room.**（シングルルームをお願いします）

公式 23

特定の相手への「願望」を表すには

I'd like you to *do* 〜

〜していただきたいのですが

使い方のポイント

公式22の **I'd like to *do* 〜**（〜したいです）は、自分自身のしたいことを述べる文でした。しかし、**I'd like you to *do* 〜**は、特定の相手に「〜してほしい」という気持ちを丁寧に表す表現です。例えば、**I'd like to do it now.**（私はそれを今やりたいです）と **I'd like you to do it now.**（私はあなたにそれを今やってほしいのです）の文を比較してみると、違いがはっきりとわかります。形としては、**<I'd like＋人＋to 不定詞>**（…に〜してほしいのですが／…に〜していただきたいのですが）となります。

want も同様に、後に代名詞（または名詞）をつけて、**I want you to *do* 〜**（あなたに〜してほしい）のように **<want＋人＋to 不定詞>**（…に〜してほしい）の形を取ります。ただし、**I'd like you to *do* 〜**の方が、**I want you to *do* 〜**よりもずっと丁寧な言い方です。どちらを使うかは、時と場合に応じて正しく判断することが大切です。

Check! ミニ会話

M **I'd like you to tell** me the truth.
W Okay. I'll tell you everything.

男 あなたに本当のことを言ってほしいのです。
女 わかりました。すべてをお話しします。

男性と女性がどういう関係かはわかりませんが、何か深刻そうな会話ですね。**I'd like you to tell me the truth.** は「あなたに真実を言ってほしいのです」という意味で、映画のセリフにもよく出てきます。それに対して、「では、すべてをお話ししましょう」ということで、**I'll tell you everything.** と言うわけです。

最も使える4例文

① I'd like you to meet my friend, Andy.
友達のアンディーを紹介します。

この文は、「私はあなたに私の友達のアンディーに会ってほしいと思います」が直訳です。自然な日本語にすれば「友達のアンディーを紹介します」となるわけですね。自分の友達を別の友達に紹介するときに使える便利な表現です。もちろん、カジュアルな表現が使える間柄であれば、**I want you to meet my friend, Andy.** と言っても OK です。

② I'd like you to come with me.
あなたに一緒に来てほしいのですが。

1人で行くのに心細いときや、一緒に行ければ楽しいなと思うとき、こんな風に言うといいですね。一緒に買い物に行ってほしい場合には、**I'd like you to go shopping with me.** と言えば OK です。

③ I'd like him to show me around.
彼に辺りを案内してほしいのですが。

I'd like you to do 〜の **you** の部分を **him** だけでなく、**her**、**them** などにも変えて練習してみましょう。「特定の人に〜してほしい」という依頼の気持ちを丁寧に表します。
☐ **show 〜 around**「〜を案内する」

④ I'd like you to consider this plan.
この案をご検討いただきたいのです。

相手にビジネスの話を検討してほしいときに使える表現です。同様に、**I'd like you to consider my proposal.**（私の提案をご検討いただきたいのです）とも言えますね。
☐ **consider**「〜を検討する」

公式 24

断定を避け、意見を述べるための think

> # I think (that) 〜
>
> ## 〜と思います

使い方のポイント

　強い断定を避けつつも、自分の意見をはっきりと述べる場合に、最もよく用いられるのが **I think (that) 〜** のパターンです。**think** の後には that 節が目的語として来ますが、**that** 自体は日常会話の中ではしばしば省略されます。that を使うと少しかしこまった感じになります。

　「〜について考えています／〜しようと思っています」であれば、進行形を使って **I'm thinking of [about] *doing* 〜** を用います。さらに、**think** の前に **would** や **should** を入れて **I'd think (that) 〜** と言うと、少し遠回しで控えめな表現となります。

　think の用例のうち、注意すべき否定の形については、公式 26 で詳しく学びます。

Check! ミニ会話

> W: What are your plans after graduation?
> M: Well, I'm not sure, but **I think** I'll go on to graduate school.
>
> 女: 卒業後はどうしますか。
> 男: そうですねえ、はっきりとはわかりませんが、大学院に行くと思います。

女性は男性に、卒業後の予定・計画について質問しています。この場合の **after graduation** は、**after graduating from college** や **after you finish college** と言っても OK です。**I'm not sure, but I think 〜** は「よくわかりませんが、〜だと思います」くらいの意味になります。

☐ **graduation**「卒業」　☐ **graduate school**「大学院」

最も使える4例文

> ① **I think you are wrong.**
> あなたは間違っていると思います。

You are wrong. と言ってしまうと、かなりきつい断定調になります。**I think ～** をつければ、自分の意見・意思をはっきりと表示しつつも、断定の度合いは少し低くなります。**I think you are wrong.** は、相手の発言だけでなく、行動についても間違っているという場合に使います。反対に、「相手（の発言）が正しい」と思える場合には、**I think you are right.** と言えば OK です。

> ② **I think you should do it.**
> 君はそれをやるべきだと思うよ。

相手に「それはやった方がいいよ」とアドバイスをする場合の表現です。**I think** は文末につけることも可能なので、**You should do it, I think.** とも言えますが、どちらかといえば **I think** は先に持ってくる方が自然です。

> ③ **I think the boss liked your proposal.**
> ボスはあなたの提案を気に入ったと思いますよ。

that 節以下は過去形になっています。過去のことについて言及するときにも、この **I think ～** が使えるわけです。**I think ～** の後には、現在形も過去形も未来形も来ます。

☐ **proposal**「提案、企画書」

> ④ **I think such exercise will be good for you.**
> そういう運動はあなたの健康にいいと思いますよ。

that 節以下が未来形になっている例です。**good for you** だけで「あなたの健康によい」を意味します。**good for your health** と言わなくても、このような文脈では **good for you** だけで当然「あなたの健康によい」ということはわかるので、よりネイティブらしい英語だと言えます。なお **I think** は、文頭のみならず、文末、さらには文の途中（挿入節として）に置くことさえも可能です。つまり、**Such exercise, I think, will be good for you.** や **Such exercise will be good for you, I think.** のような言い方もあり得るということです。

57

公式 25

「思う」は think だけではない

I believe [feel/suppose/guess] (that) 〜

〜と思います

使い方のポイント

I think (that) 〜は、はっきりと意思表示をしつつ「私は〜と思います／私の考えは〜です」の意味を表すことを、公式 24 で学習しました。ここでは、同じ「〜と思います」でも、少しニュアンスの違う動詞を使って気持ちを的確に表す練習をしましょう。気持ちを伝える動詞にはいろいろありますが、ここでは特に、**believe**、**feel**、**suppose**、**guess** の 4 つの語のイメージをつかみましょう。

- □ **believe**（〜と強く思う、信じる）＝確信
- □ **feel**（〜と何となく思う、感じる）＝ think より控えめ
- □ **suppose**（〜と思える）＝何らかの主観・思考にもとづく推測
- □ **guess**（〜と思える）＝確かな根拠はない推量

✓ Check! ミニ会話

W How's the new employee, Mr. Meyers, doing?
M He's exceptional. **I believe** he'll be a great asset.

女 新入社員のマイヤーズさんはどう？
男 うん、彼はすごいよ。彼なら貴重な戦力になってくれると思うよ。

男性は、単に I think 〜とは言わず、I believe 〜と言っています。新入社員への期待と信頼が、言葉から感じ取れますね。

- □ **exceptional**「並外れた、非常に優れた」　□ **asset**「資産、財産」

> 最も使える4例文

❶ I believe we can work it out.
　　私たちは何とかできると思います。

believe は「〜を信じる」とだけ覚えると、不十分です。この語は「〜と（強く）思う、〜を信じている」のニュアンスを表します。ある程度の確信と自信を持って自分の思いを相手に伝える場合に用いられます。
□ **work 〜 out**「〜をうまくやる、何とか成し遂げる」

❷ I feel the economy will recover soon.
　　経済はすぐに回復すると思います。

feel は「〜と感じる」で覚えている人も多いことでしょう。この feel は、日本語で多用される「軽い気持ち」で言うときの「〜と思う」に最も近い語だと言ってよいでしょう。think や believe には意思表示の強さ（つまり、ある程度の断定と確信）のニュアンスがありますが、feel は根拠の弱い（何となく雰囲気・感覚でものを言っている）ニュアンスがあるため、穏やかで控えめな感じに聞こえます。ブルース・リーは映画『燃えよドラゴン』の中で、"Don't Think. Feel!"（考えるな、感じるんだ！）と言いましたが、あの有名なセリフの中にも think と feel の違いが如実に表れていました。

❸ I suppose we have no other choice.
　　どうしようもないと思います。

suppose は think より軽く、はっきりとした確信や根拠はないけれど、推測をしてみると「〜のように思える」というときに使われます。
□ **have no (other) choice**「仕方がない、やむを得ない、選択肢がない」

❹ I guess she is in her late thirties.
　　彼女は30代後半だと思います。

guess は suppose よりさらに軽く、確信や根拠がないまま見当をつけるときや当て推量をするときに使われます。**in her late thirties** は「30代後半で」の意味です。「30代前半で」であれば **in her early thirties**、「30代で」であれば **in her thirties** と言います。

公式 26

否定文「思わない」のルール

I don't think (that) 〜

〜ではないと思います／〜とは思いません

使い方のポイント

　日本語の「〜ではないと思います／〜とは思いません」は、英語では **I don't think (that) 〜** で表現します。例えば、「明日雨は降らないと思います」であれば、**I don't think it'll rain tomorrow.** と言うわけです。**I think it won't [= will not] rain tomorrow.** は絶対に間違いとは言えませんが、通常そのような言い方をすることはありません。

　believe（〜と信じる）、**suppose**（〜と思える）、**guess**（〜と思える）などの動詞を使う場合は、that 節を否定形にする言い方と、最初の動詞を否定にする言い方の両方が用いられます。

　一方、**hope**（〜と願う）、**wish**（〜と望む）、**trust**（〜と信じる）や *be* **afraid**（〜ではないかと思う）などは、動詞の後に続く that 節を否定形にするのが普通です。
例：**I hope it won't rain tomorrow.**（明日雨が降らなければいいのですが）

✓ Check! ミニ会話

Ⓜ **Excuse me, but I don't think this is what I ordered.**
Ⓦ **Oh, I'm sorry. I'll bring you your food right away.**

男 すみません、これは私が注文したものと違うと思うのですが。
女 あら、すみません。すぐにお客様のお食事をお持ちいたします。

　レストランでの会話です。男性客の注文したものとは違うものが出されたようです。100％の確信があれば、断定的に **Excuse me, this is not what I ordered.** と言っても OK です。**I don't think 〜** を使えば、語調が柔らかくなるのです。
　☐ **order**「〜を注文する」　☐ **right away**「すぐに」

最も使える4例文

> ① **I don't think** it's a good idea.
> それはよい考えではないと思います。

It's not a good idea.（それはよい考えではありません）と断定せずに、あくまでも自分の意見として相手に伝えたい場合には、**I don't think ～**をつけて、that節は否定形にしないわけですね。

> ② **I don't think** it was your fault.
> それはあなたのせいではないと思います。

It was not your fault. と断定をせずに、**I don't think ～**を用いると、**I don't think it was your fault.** となります。**I don't think ～**の後には現在形だけでなく、過去形、未来形が来ても構いません。

□ fault「責任、過ち」

> ③ **I don't think** I can make it tonight.
> 今夜は都合がつかないと思います。

人からパーティーや食事に招待されたのに、どうしても都合がつかないことってありますよね。そんなときに使えるのがこの表現です。**make it** には「都合をつける、何とか出席する」の他、「時間に間に合う」という意味もあります。**I don't think you can make it.** と言うだけで、「（電車・その他の乗り物に）間に合わないと思いますよ」を意味することもあるのです。

> ④ **I don't think** we have met before.
> お会いするのは初めてですね。

「私たちは以前会ったとは思いません→お会いするのは初めてですね」という意味です。自己紹介のときの前置きに使える表現です。いろんな応用が利きます。例えば、時に **Have we met before?**（以前お会いしましたっけ？）と聞かれることがありますよね。そんなときには **No, I don't think we have.**（いいえ、お会いしたことはないと思います）と言えばよいわけです。

公式 27

「お礼」はコミュニケーションの基本

Thank you for 〜
〜をありがとうございます

使い方のポイント

Thank you for 〜は「〜をありがとうございます／〜してくれてありがとうございます」の意味で、お礼の最も一般的な表現です。文頭には、I（私）、つまり感謝を表す本人のIが省略されています。〜の部分には、名詞や動名詞が来ます。感謝の気持ちをもっと表したい場合には、**Thank you very much for 〜**と言います。

〜の部分が明白な場合には、日本語でも「ありがとう（ございます）」だけ言いますよね。そのような場合には、**Thank you.** や **Thanks (a lot).** と言えばOKです。特に家族・友人・知人への「ありがとう」という軽いお礼には、**Thank you.** よりもカジュアルな **Thanks.** の方が使用頻度が高いので、どんどん使ってみましょう。

Check! ミニ会話

> W **Thank you for your hospitality.**
> M **You're most welcome.**
>
> 女 おもてなしをありがとうございました。
> 男 どういたしまして。

Thank you for your hospitality. は、相手の親切なおもてなしに対して感謝するときによく用いられる決まり文句です。それに対する返答の「どういたしまして」は、**You're welcome.** でもOKですが、それよりも **You're quite welcome.** の方が、そしてさらに **You're most welcome.** の方が丁寧な表現となります。

☐ **hospitality**「手厚いもてなし、歓待」

最も使える4例文

❶ **Thank you for** your help.
　　　手伝ってくれてありがとう。

いろいろと親切に助けてくれた相手に感謝を述べるのに、よく使われる表現です。もちろん、**Thank you very much for your help.** と言っても OK です。**very much** の部分を **so much** と言うこともあります。どちらかと言うと、**so much** は男性よりも女性の方が好んで用いるようです。さらに、**Thank you so very much for ～**と感謝の気持ちをより強調して言うこともあります。

❷ **Thanks for** asking.
　　　お気遣いありがとう。

カジュアルに感謝を表す **Thanks for ～**のパターンです。**for** の後には名詞（または動名詞）が来ます。**Thanks for asking.** は「体調はその後どう？」と声をかけてくれた友達に対して、ピッタリの返答です。また、食事などに誘われて、都合が悪くて行けないけどもお礼を言う場合にも、**Maybe some other time. Thanks for asking.**（またの機会にね。誘ってくれてありがとう）のように使えます。

❸ **Thank you for** everything.
　　　いろいろとありがとうございました。

相手がお世話してくださったことに対して、お礼を述べる表現です。日本語ではよく「何から何まで本当にお世話になり、ありがとうございました」と言いますが、それに近いニュアンスの表現です。**Thank you for all you've done.** と言っても同じ意味を表します。

❹ **Thank you for** inviting me.
　　　ご招待いただきありがとうございました。

パーティーなどに招いてくれた相手に感謝を表す場合に用いる表現です。**for inviting me** の **for** の後が動名詞になっているという点に気をつけましょう。**Thank you for calling.**（お電話ありがとうございました）も同じ形です。

公式 28

謝罪の基本をもう1度確認しよう

I'm sorry ～

～をすみません

使い方のポイント

　一番簡単な謝罪表現は、**Sorry.**（すみません／失礼しました）です。**about ～** がついた形の **Sorry about that.**（そのことはごめんなさい）も日常会話ではよく耳にします。**Sorry** の前に **I'm** をつけると、少しかしこまった謝罪となるので、**I'm sorry ～** のパターンが最も一般的な謝罪表現であると言えます。

　「～をすみません／～してごめんなさい」の表現パターンとしては、**I'm sorry** の直後に、**<for ＋名詞/動名詞>**、**<that 節>**、**<to 不定詞>** の3つが最も多用されます。**<to 不定詞>** の場合は、現在していることが対象のときは **<to do>** が、すでにしてしまったことが対象のときは **<to have ＋過去分詞>** が続きます。

✓ Check! ミニ会話

[M] **I'm sorry** to have kept you waiting.
[W] Oh, don't be. I just got here a minute ago myself.

[男] お待たせして申し訳ございません。
[女] いえいえ、気にしないでください。私もちょっと前に着いたばかりですから。

　人を待たせたときに最もよく用いる言い方の **I'm sorry to have kept you waiting.** をマスターしましょう。**sorry** の後が **<to have ＋過去分詞>** の形なので、すでにしてしまったことについての謝罪となります。「お待たせして申し訳ございません」には、**I'm sorry for keeping you waiting.** も使えますが、使用頻度は下がります。また、**I'm sorry I've kept you waiting.** も使えますが、若干カジュアルな感じを与える可能性があります。**Oh, don't be.** の **be** の後には **sorry** が省略されています。

最も使える4例文

❶ I'm sorry for the inconvenience.
　　ご迷惑をおかけしてすみません。

これは会話だけでなく、ビジネスレターでもよく用いられる表現です。**I'm sorry for the trouble.** と言っても同じ意味を表します。
☐ **inconvenience**「迷惑、面倒、不都合」

❷ I'm sorry I'm late.
　　遅れてすみません。

遅刻したことを相手に謝罪する決まり文句です。遅れて教室に入っていく学生が使うとぴったりの表現です。友達同士であれば、**Sorry I'm late.** でも構いません。「遅れてすみません」を、時に **I'm sorry to be late.** や **I'm sorry for being late.** と言う人がいますが、それらは完全な誤用とは言えないまでも、到着時点での謝罪としてはお勧めできません。できるだけ **I'm sorry I'm late.** を使うようにしましょう。

❸ I'm sorry to interrupt you.
　　お邪魔してすみません。

相手が取り込み中、仕事中、話し中に「割り込む、邪魔する」ときに使う決まり文句です。**sorry** の後に to 不定詞がついているので、現在していることへの謝罪を表します。**but** をつけた **I'm sorry to interrupt you, but ～** もよく用いられます。例：**Sorry to interrupt you, but may I ask you a question?**（お邪魔してすみませんが、質問してよろしいでしょうか）　**interrupt** は、**disturb** や **bother** に言い換えても OK です。

❹ I'm sorry to hear that.
　　それはお気の毒に。

これは謝罪表現ではないのですが、あまりにもよく使われる決まり文句なので、ぜひマスターしてください。相手または第三者の不幸や失敗などを聞いたときに使います。**sorry** の前に、**very** や **really** を入れて、**I'm very [really] sorry to hear that.** と言えば、より深い同情の気持ちが伝わります。

公式 29

助動詞 can で「能力」「可能性」「許可」を表す

You can *do* 〜

〜ができます／〜してもいいです

📝 使い方のポイント

　can は多くの意味を持つ助動詞です。ここでは、特に①「能力」「可能性」を表す can（〜できる）と②「許可」を表す can（〜してもよい）を扱います。①の「能力」については、**I can swim.**（私は泳げます）や **He can play the guitar.**（彼はギターを弾けます）のように言えます。ただし、**I think you can ski today.** と言うと、例えば「昨日までは雪が少なかったけど、今朝は随分積もっているようだから、今日はスキーができると思うよ」というような「可能性」を表す用例となります。

　また、「能力」「可能性」を表す can の代わりに、**be able to** を用いることもできます。未来を表す will と can はどちらも助動詞なので、つなげることはできませんね。そんなときには **will be able to** とします。例：**You will be able to speak English soon.**（あなたはすぐに英語を話せるようになるでしょう）　過去形の場合は **was [were] able to** となります。

　②の「許可」については、**You can use my bike.**（私の自転車を使ってもいいですよ）や **You can count on me.**（私を当てにしていいですよ→任せてください）の例を覚えておくとよいでしょう。

✅ Check! ミニ会話

Ⓜ **Do you think I can pass the bar exam next year?**
Ⓦ **Yes, I think you can. But it depends on your efforts.**

男 僕は来年司法試験に合格すると思う？
女 ええ、あなたならできると思うわ。でも、あなたの努力次第よ。

男性、女性ともに「可能性」を表す **can** を用いています。
□ **bar exam**「司法試験」　□ **depend on 〜**「〜次第である」

> **最も使える4例文**

❶ **You can do it.**
　　やればできるよ。

相手を励ますために「やればできますよ／君ならできるよ／大丈夫だから頑張って」と言いたいときに使えるのが、**You can do it.** です。会話の中で最も頻繁に使われる決まり文句の１つです。人間には「成せばなる精神」(**can-do spirit**) が必要ですね。

❷ **You can say that again.**
　　あなたのおっしゃる通りです。

You can say that again. は直訳すると、「あなたはそれをもう１度言ってもよい」ということですが、「あなたのおっしゃる通りです／まったくその通りです／いいこと言いますねえ」の意味を表す決まり文句です。相手の発言に賛成・賛同するときに用います。

❸ **We'll be able to enjoy cherry-blossom viewing in a few weeks.**
　　２、３週間もすれば、私たちは花見を楽しむことができるでしょう。

can は他の助動詞の後に置くことはできないので、**can** を *be* **able to** にして、**will be able to** の形にするわけです。
□ **cherry-blossom viewing**「花見、桜狩り」

❹ **I was able to reach Joe yesterday.**
　　昨日ジョーに連絡を取ることができました。

was able to は「～することが（実際に）できた」という意味で、過去において実際に実行した（行為を達成した）ことを表します。一方、**can** の過去形 **could** は、過去において単に「～する能力があった／（習慣的に）～できた」の意味で、少し意味合いが異なります。

公式 30

助動詞 may で「許可」「推量」を表す

You may *do* ～

～してもいいですよ／～かもしれません

使い方のポイント

　助動詞 **may** にはいろんな意味がありますが、ここでは ①「許可」（～してもよい）と ②「推量」（～かもしれない）の 2 つをマスターしましょう。① の例は **You may go now.**（もう帰っていいですよ）です。この「許可」を表す **may** は、話し手が持つ権限・権威によって許可を与えることができる場合に用いるため、**You may *do* ～** は目上の人が目下の人にものを言うケースがほとんどです。親から子へ、上司から部下へ、先生から生徒へという場合です。そのため、口語で親しい人に **You may *do* ～** を使うと、尊大、横暴な感じを与えることがあるので、**You can *do* ～** の方が好んで用いられます。ただし、相手の許可を求める場合の「～をしてもいいですか」には、**May I *do* ～?**（公式 38）の方が、**Can I *do* ～?** よりも丁寧に聞こえるので、好まれます。

　② の例は **You may feel lonely abroad.**（海外では寂しくなるかもしれませんね）です。この「推量」については、**may** だけでなく、**might** も同じく「推量」や「可能性」を表します。**might** は「ひょっとしたら～かもしれない」という意味で、**may** よりもやや可能性の低い推量を表します。

✓ Check! ミニ会話

> M: **Do you think Chad is coming tonight?**
> W: **I don't know. He may come, or he may not.**
>
> 男: チャドは今晩来ると思う？
> 女: よくわからないわ。来るかもしれないし、来ないかもしれないし。

女性は **He may come, or he may not.** と言っています。これは「～かもしれない」の「推量」を表す **may** の用法です。このように推量を表す場合、**may** は肯定文または否定文だけに用いられることを覚えておきましょう。

最も使える4例文

❶ You may sit here.
ここに座ってもいいですよ。

これは目上の人が目下の人に言っている「許可」を表す例と考えればよいでしょう。友達に対して、あるいは見知らぬ人に対してであれば、**You can sit here.** と言う方が普通です。教会ではよく牧師が信徒に対して、**You may be seated.**（みなさん、お座りください）と言いますが、これも友達に向かって言える表現ではないですよね。

❷ You may apply if you are over 18 years of age.
18歳を超えていれば、申し込むことができます。

「○○歳を超えていれば～できる」と言う場合、よく **You may do ～** のパターンが用いられます。これは明らかに規定（ルール）によって、相手に「許可」を与えている例です。よって、**You may join the club if ～**（～であれば、クラブに加入できます）や **You may qualify if ～**（～であれば、資格が与えられます）などと言えるわけです。

❸ You may lose everything if you do that.
そんなことをすれば、すべてを失ってしまうかもしれません。

これは「推量」「可能性」を表す **may** の用法です。「そんなことをすれば、実際どうなるかはわからないけども、すべてを失う可能性がありますよ」というニュアンスです。

❹ We may have some snow tomorrow.
明日は少し雪が降るかもしれません。

これも「推量」「可能性」を表す **may** の用法です。天気に関して、この **may** を使うことは非常に多いです。例：**We may have a sudden rain shower this afternoon.**（午後に夕立があるかもしれません）、**We may have a storm tonight.**（今夜は嵐に見舞われるかもしれません）

公式 31 — 助動詞 should で「強い勧め」「助言」を表す

You should *do* ～

～すべきです／～する方がいいですよ

使い方のポイント

　中学生のとき、**should** は「～すべきだ」という「義務」「必要」を表す助動詞と覚えましたね。例：**Children should obey their parents.**（子供は親の言うことに従うべきです）　しかし、**should** には「強い勧め」「助言」の意味もあります。その場合は日本語の「～すべきだ」ほど意味合いは強くはなく、「～する方がいいです／ぜひ～してみてよ」のニュアンスになります。主語にはすべての人称を用いることができますが、特に 2 人称のときにそのニュアンスが顕著に出ます。例：**You should get some rest.**（あなたは少し休んだ方がいいよ）

　should はその行為が「望ましい」ことを表すものなので、**must**（～しなければならない）のような強制的・命令的なニュアンスはありません。**should** と似たパターンとして **ought to** がありますが、厳密には **should** の方が **ought to** よりも少し意味が弱いと言えます。例：**You ought to apologize to her.**（彼女に謝罪をすべきだよ）

　なお **should** を否定で用いる場合には、**not** をつけて **shouldn't** とします。例：**You shouldn't say such a thing.**（そんなこと言っちゃ駄目だよ）

✓ Check! ミニ会話

> M　I'm interested in medieval European history.
> W　Well then, **you should see** this movie.
>
> 男　僕は中世のヨーロッパ史に興味があるんだ。
> 女　それなら、この映画を見るべきだわ。

You should see ～は「～を見るべきです／～を見るといいよ」と何かを勧めるときに便利な表現です。

□ **medieval**「中世の」

最も使える4例文

① You should give it up.
それはあきらめた方がいいよ。

「それはあきらめるべきだよ／それはやめるべきだよ」と言いたい場合に使える表現です。友達へのアドバイスとして使えますね。

☐ **give up ~**「~をあきらめる」

② You should stop smoking.
タバコをやめた方がいいよ。

健康のために、タバコ、お酒を断ち切る必要のある人は多いようです。そんなときには、**You should stop smoking.** や **You should stop drinking.** と助言をしてあげるといいですね。**stop** の代わりに、**quit**（~をやめる）を用いることも可能です。

③ You should go to bed early tonight.
今夜は早く寝るべきだよ。

明日の朝早く起きる必要のある人、今日体調が少しすぐれない人に対して、「今日は遅くまで起きていないで、早く寝る方がいいよ」と言いたい場合に使える表現です。親が子供によく使う表現です。

④ You should exercise at least three times a week.
あなたは少なくとも1週間に3回は運動すべきです。

これは、相手に定期的な運動を勧めたいときに使えますね。助動詞の後はいつも動詞の原形が来ますから、この文の **exercise** は動詞だということがすぐに判断できます。動詞の **exercise** は「運動する」の意味です。**exercise** を名詞にして、**You should get exercise ~** と言うこともできます。

☐ **at least**「少なくとも」

公式 32

助動詞 must は「話し手の主観」にもとづく表現

You must *do* ～

～しなければなりません

使い方のポイント

　助動詞 must は「～しなければならない」という「義務」「必要」「命令」を表し、話し手の主観的な意見や判断を強いニュアンスで言い表します。例：**I really must go now.**（もう行かなくてはなりません→そろそろこの辺で失礼します）、**You must attend the meeting.**（あなたはその会議に出席しなければなりません）「義務」の must は、should や ought to よりも強い意味を表します。

　さらに、must は「ぜひ～してください」という「強い勧め」「勧誘」を表すこともありますので、覚えておきましょう。これは親しい間柄で用いる勧誘表現です。例：**You must come and visit us some time.**（いつかぜひ遊びにおいでくださいね）

✓ Check! ミニ会話

> M　How can I become a better pianist?
> W　**You must practice** harder. Practice will never betray you, you know.
>
> 男　僕、どうすればもっとピアノがうまくなるのかなあ？
> 女　もっと練習しないと駄目よ。練習は絶対に裏切らないからね。

息子は **How can I become a better pianist?** と質問していますが、**How can I become better at playing the piano?** と言っても OK です。母親の **You must practice harder.** は「あなたはもっと本気で練習しなければいけません→あなたはもっと練習しないと駄目ですよ」という意味です。**Practice will never betray you.**（練習は決してあなたを裏切らない）はよく用いられる決まり文句です。**Practice always pays off.** とも言います。

☐ betray「～を裏切る」

最も使える4例文

❶ You must keep your promise.
約束は守らなければなりません。

公式 31 で学んだ助動詞 should を使って、You should keep your promise. と言えば「約束は守るべきですよ」となりますが、must を使って You must keep your promise と言えば「(是が非でも) 約束は守りなさい」のニュアンスが出ます。keep one's promise (約束を守る) の反対の break one's promise (約束を破る) も一緒に覚えておきましょう。

❷ You must check it out again.
あなたはもう1度それをチェックしなければなりません。

これは「必要」を表す例です。「もう1度それをチェックしなければなりません→もう1度それをチェックする必要があります」と考えるとわかりやすいですね。

☐ check out 〜「〜をよく調べる、点検する」

❸ You must do the work at once.
あなたはすぐにその仕事をしなければなりません。

これは「命令」「強要」に近い意味合いを持った文なので、例えば上司から部下への命令と考えればよいでしょう。「すぐにその仕事をしなければならない」というのは、「たとえあなたが嫌であったとしても」ということです。そのような話し手の強い主張・判断を表す文だと言えます。

☐ at once「すぐに」(= immediately)

❹ You must pay more attention to what the teacher says.
先生の話をもっと注意して聞かなければなりません。

日米中韓の4カ国中、日本の高校生は授業中に居眠りをする割合が最も高いというデータもありますが、確かに日本では授業中真剣に先生の話を聞いている生徒は少ないですね。もっと簡単に、You must pay more attention to the teacher. と言うこともできます。

☐ pay attention to 〜「〜に注意を払う」

公式 33

mustの否定で「禁止」を表す

You mustn't *do* ～

～してはいけません

使い方のポイント

公式 32 の **must** を否定の **mustn't**（= must not）にして、**You mustn't *do* ～** とすれば、「～してはいけません」という「禁止」を表すことができます。例：**You mustn't park here.**（ここに駐車してはいけません） **mustn't** の発音は [mʌ́snt] となります。会話の中では、「～しては駄目です」と訳すとぴったりくることもあるでしょう。例：**You mustn't rush.**（焦ってはいけません→焦っては駄目です） **mustn't** の「禁止」はしばしば強制的なニュアンスをともない、親が子供に、先生が生徒に、組織が職員になど、立場が上の者から下の者に対して用いられる傾向があります。

一方、同等の相手に「～しちゃ駄目だよ」と禁じたり諭したりする時には、**shouldn't** を使って **You shouldn't do that.**（そんなことしちゃ駄目だよ）や **Don't *do* ～**を使って **Don't put it off.**（それを先延ばしにしては駄目だよ）などと言います。

Check! ミニ会話

> W **Mike, you mustn't leave the door open.**
> M **Oh, sorry, Mom.**
>
> 女 マイク、ドアを開けっ放しにしては駄目よ。
> 男 あっ、ごめん、お母さん。

これを応用して「窓を開けたままにしてはいけません」であれば、**You mustn't leave the window open.** と、「水を流したままにしておいてはいけません」であれば、**You mustn't leave the water running.** と言えます。**You mustn't leave the door unlocked when you go out.**（外出する際には、ドアに鍵をかけないままにしておいてはいけません）なども言えますね。

最も使える4例文

> ① **You mustn't talk in class.**
> クラスで私語をしてはいけません。

クラスだけではなく、公共の場でもきちんとマナーを守るべきです。「図書館」や「映画館」では特に私語は慎むべきですから、**You mustn't talk in the library.** や **You mustn't talk in the movie theater.** と言えばよいですね。

> ② **You mustn't take photos here.**
> ここで写真を撮影してはいけません。

特別な場所では写真撮影を禁止されている場合があります。また、建物の中では禁煙になっているのが最近は普通ですから、そのようなときには **You mustn't smoke in here.**（この中でタバコを吸ってはいけません）と言われます。

☐ **take a photo**「写真を撮る」

> ③ **You mustn't waste your time.**
> 時間を無駄にしてはいけません。

無駄にしていけないのは、**your time**（時間）だけではありません。**You mustn't waste〜** の後には **your money**（金）や **your life**（人生）が来ることもあります。

☐ **waste *one's* time**「時間を無駄にする」

> ④ **You mustn't drive if you drink.**
> 飲んだら運転してはいけません。

「飲んだら乗るな」は、もっと簡単に **Don't drink and drive.** と言うこともできます。「飲酒運転」は **drunk driving** または **drunken driving** と言います。「無免許運転をするな」という場合には、**You mustn't drive without a driver's license.** と言えばOKです。

公式 34

had better と should、どっちが強い「強制」?

You had better *do* 〜

〜すべきだ

📌 使い方のポイント

　You had better *do* 〜は、中学時代、多くの人が「〜した方がいい」の意味で習ったと思いますが、実はそんなに軽いアドバイスではありません。**had better** は、相手に対して「強い助言」や「忠告」、「警告」を含意する表現で、「〜すべきだぞ／〜しないと後で困るぞ」というニュアンスがあります。**had better** は **should** よりも強い表現であり、命令的なのです。通常、親しい人（家族や友人）にこそ用いますが、目上の人やあまり親しくない人には用いるべきではありません。ただし親しい人にも、文頭に **I think**、**maybe**、**perhaps** などをつければ婉曲化し、少し言い方が柔らかくなります。

　You had better *do* 〜は大抵の場合、You'd better *do* 〜で用いられます。さらに省略されて、**You better *do* 〜**となることもあります。

✅ Check! ミニ会話

> M: The wind is picking up. I feel a typhoon is approaching.
> W: Yes, it sure is. **We'd better stay** home today.
>
> 男: 風が強くなってきたね。台風が近づいてきている感じがするよ。
> 女: ええ、そうね。今日は家にいた方がいいわね。

この場合の **We'd better** は、「強い提案」に用いられています。
□ **pick up**「(風などが) 勢いを増す」　□ **approach**「近づく、接近する」

最も使える**4例文**

❶ You'd better go to bed right away.
　　すぐに寝るのよ。

もう寝なければならない子供に対して、母親が強い警告あるいは命令として言う場合と考えるとわかりやすいと思います。**go to bed** をここでは「寝る」と訳しましたが、本来 **go to bed** は「ベッドに入る、床につく」動作・行為を表し、その後いつ眠りにつく（**go to sleep**）かはわかりません。
☐ **right away**「すぐに」（＝ **immediately**）

❷ You'd better see a doctor.
　　医者に診てもらった方がいいよ。

顔色の悪い、あるいは何らかの病気の症状が出ている友達に対して、すぐに病院に行って診てもらうことを勧めたい場合に、この表現を使うといいでしょう。**see a doctor** の代わりに、**go see a doctor** と言うこともあります。

❸ I think we'd better leave now.
　　もう帰った方がいいよね。

「そろそろ時間も遅くなってきたし帰った方がいいよね」とか「そろそろここを去らないといけないよね（電車に乗り遅れるかもしれないから）」という場合に、使える表現です。文頭に **I think** をつけることにより、少し婉曲的になっています。**I think** の代わりに **I suppose** を使うこともできます。もちろん、**we'd** の部分を **I'd** や **you'd** に変えることも可能です。

❹ We'd better not tell him about it.
　　それについては、彼には言わない方がいいよ。

「それを知ると彼が怒るから」とか「それを知ると彼は落ち込むから」という場合に、使える表現です。大切なのは **not** の位置です。**had better do** 〜を否定文にするときには、**not** は必ず **had better** の直後に置きます。**You'd better not expect too much.**（あまり期待しない方がいいよ）も会話ではよく使うので、覚えておきましょう。

77

公式 35 — need で「必要」「弱い義務」を表す

> # You need 〜
>
> ―――――――――――――――――
>
> ## 〜が必要です

使い方のポイント

You need 〜 の2つの形を練習しましょう。はじめは ① **<need ＋名詞 >** の形で、「〜が必要です」の意味を表します。例：**You need a new pair of glasses.**（あなたは新しい眼鏡が必要です）、**I need more time.**（私はもっと時間が必要です）主語の人称は何でもよいので、このように「必要」なものを **need** の後につけて、練習してみましょう。

次は ② **need** の後に to 不定詞が来る **<need to do 〜 >** の形で、「〜することが必要です」の意味を表します。公式 36 で学ぶ **have to do 〜** よりも少し弱い「必要」「義務」を表し、会話の中で非常によく用いられます。例：**You need to think positively.**（あなたは前向きに考える必要があります）、**He needs to relax and have fun.**（彼はリラックスして、楽しむ必要があります）

否定の場合には、**don't [doesn't] need to do 〜** を用います。例：**You don't need to do it today.**（あなたはそれを今日する必要はありません→今日それをしなくてもいいですよ）

✓ Check! ミニ会話

> W **Mr. Gordon, have you got a minute? I need to talk about the project.**
> M **I'm sorry, Helen. I have to go right now.**
>
> 女 ゴードンさん、ちょっとお時間ありますか。プロジェクトの件でお話があるのですが。
> 男 ごめん、ヘレン。今すぐ行かないといけないんだ。

女性の **Have you got a minute?** は「ちょっと時間がありますか」の意味の決まり文句です。**Do you have a minute?** でも同じ意味を表します。女性の **I need to talk about 〜**、男性の **I have to go 〜** は、どちらも非常によく用いられます。

最も使える4例文

① You need his advice.
あなたには彼のアドバイスが必要です。

これを応用して、「あなたのアドバイスが必要なんです」であれば、**I need your advice.** と言えばいいですね。さらに「あなたの助けが必要です」であれば、**I need your help.** と言えばOKです。

② You need some change.
小銭がいくらか必要です。

ここでの **change** は「小銭」という意味で、不可算名詞として用いられています。アメリカの公衆電話（**pay phone**）や自動販売機（**vending machine**）を使うときには、とにかく小銭が必要です。それだけでなく、海外旅行では小銭がないと困ることがよくあります。

③ You need to show them your ID card.
あなたは彼らに身分証明書を見せる必要があります。

いろんな場面で、身分証明書（**ID card**）の提示が求められます。そんなときに用いられる表現です。
□ **ID card**「身分証明書」（= identification card）

④ You don't need to worry about it.
あなたはそれを心配する必要はありません。

「あなたはそれを心配する必要はありません→そのことは心配しなくてもいいですよ」という意味です。何かを心配そうにしている人に、この表現を使って、気分を楽にさせてあげるといいですね。
□ **worry about ~**「~について心配する」

公式 36

have to は「客観的な判断」にもとづく表現

You have to *do* ～

～しなければなりません

使い方のポイント

　have to も must と同じく、「～しなければならない」という「義務」を表しますが、must よりも強制の意味が弱いため、柔らかいニュアンスがあります。というのも、must が話し手の主観的な意見や判断を強く言い表すのに対して、have to は話し手の意志というよりは、外的な事情や要因を総合的・客観的に判断して「～しなければならない」と言うときに用いるからです。次の2つの文を比較してみると、違いがはっきりと理解できます。例：**I must go home now.**（[話し手の意志や都合により] もう家に帰らなければなりません）、**I have to go home now.**（[もうすぐ帰りの電車がなくなるので／門限に間に合うように帰宅しなければならないので] もう家に帰らなければなりません）

　must は現在時制だけしか使えませんが、have to は現在時制の他、過去時制（had to）、未来時制、完了形でも使うことができます。have to は [hǽftə]、has to は [hǽstə]、had to は [hǽttə] と発音されます。「～する必要がない」という場合には、**don't have to** を用います。

　最後に、これまで本書に登場した助動詞のおさらいです。「義務」「必要」の意味は、**must ＞ have to ＞ had better ＞ ought to ＞ should** の順に弱くなることを覚えておきましょう。

✓ Check! ミニ会話

> M **Do I have to come**, too?
> W Well, **you don't have to come** if you don't want to.

> 男 僕も行かなければいけないの？
> 女 まあ、行きたくなければ、行かなくてもいいけど。

have to *do* ～は肯定文だけでなく、疑問文・否定文でもよく用いられます。

最も使える4例文

① **You have to take good care of yourself.**
体を大事にしなければいけないよ。

これを応用して、「もっと体を大切にしないといけないよ」であれば、**You have to take better care of yourself.** と言うこともできます。
□ **take good care of 〜**「〜を大事にする」

② **I have to finish this report by tomorrow.**
私はこの報告書を明日までに仕上げなければなりません。

会話では、**have to** の代わりに **have got to** が用いられることもあります。**have** は省略形（**'ve**）となり、**I've got to do 〜**と短縮され、**got to** は **gotta**（ガラ）のように発音するのが一般的です。かなりくだけた会話では、単に **I got to do 〜**とすることもあります。**I've got to finish this report by tomorrow.** を正しい発音でスラスラ言えるように練習してみてください。

③ **You don't have to do that.**
そんなことはしなくてもいいですよ。

相手に「そんなことしなくてもいいですよ」や「そこまでしていただかなくても」「気になさらないでくださいね」などと言いたいときによく使う決まり文句です。いろんな場面で使えるとても便利な表現です。

④ **I had to wait an hour for the bus.**
私は1時間もバスを待たなければなりませんでした。

must には過去用法がないので、**had to** にして、**I had to wait 〜**とするわけです。「長く待つ必要はなかった」という場合には、**I didn't have to wait long for the bus.**（私はバスを長い間待つ必要はありませんでした）となります。

公式 37 — カジュアルに「提案」「勧誘」するには

Let's *do* 〜

〜しましょう

使い方のポイント

　Let's *do* 〜（〜しましょう）は何かすることを「提案」「勧誘」する表現です。基本的に、相手が賛成するという確信がある場合に用います。**Let's** の直後には動詞の原形が来ます。**Let's** は **Let us** の短縮形なので、**Let's go for a drive.**（ドライブに行きましょう）とは言えても、**Let's go for a drive with me [us].** とは言えないことに注意しましょう。**Let's** に続く動作をするのは当然「私たち」であり、「一緒に何かをしましょう」と言っているのですから、それに **with me [us]** をつけ加えるとおかしな余剰になってしまうわけです。

　Let's の否定形は、**<Let's not ＋動詞の原形>** となります。例：**Let's not talk about it.**（そのことを話すのはやめましょう）

Check! ミニ会話

> M　Hey, **let's call** it a day.
> W　Yeah, we got a lot done today.
>
> 男　ねえ、この辺で切り上げようよ。
> 女　そうね、今日はかなりの仕事をやったわよね。

Let's call it a day. は「今日はこの辺で切り上げよう／今日はここまでにしよう」の意味で、特に仕事を終えるときに用いる決まり文句です。**got a lot done** は「たくさんの仕事をこなした」という意味です。この場合の **<get ＋目的語＋過去分詞>** は「〜をし終える」という完了や達成の意味を表します。

最も使える4例文

① Let's go to the movies tonight.
今晩、映画を見に行きましょう。

go to the movies（映画に行く）は、非常に使用頻度の高い慣用表現です。定冠詞の **the**、複数名詞の **movies** に注意して、そのままの形で覚えておきましょう。1つの映画を見に行きたい場合でも **the movies** と言います。**the movies** は何本もの映画を上映している映画館に行くことから、**<the ＋複数形>** になっているわけです。単数形を用いる場合は、**go to see a movie** や **go (and) see a movie** となります。

② Let's go for a walk.
散歩に行きましょう。

アメリカでは、湖の周りや公園の中で散歩を楽しむ人が非常に多いですね。だから、**Let's go for a walk.** と言って、家族や友達を散歩に誘うことがよくあります。**go** と **for** の間に **out** を入れて、**Let's go out for a walk.** と言うこともあります。

③ Let's get together again sometime.
またいつか会いましょう。

get together は「集まる、一緒になる」の意味で、非常によく用いられます。同じことを、**Let's meet again sometime.** と簡単に言うこともできます。なお、ハイフンを使って **get-together** とすると名詞となり、「集まり、会合、懇親会」などの意味を表します。

④ Let's keep in touch.
連絡を取り合いましょう。

友人・知人とのわかれ際に「これからもお互いに連絡を取り合っていきましょう」というときに用いる決まり文句が、**Let's keep in touch.** です。非常によく使う決まり文句です。

公式 38

丁寧に「許可」を求めるには

May I *do* ～ ?

～してもいいですか

使い方のポイント

　May I *do* ～ ? は「～してもいいですか」の意味で、「許可」を求める言い方です。May I の後には、動詞の原形が来ます。友達や家族の間では、もっぱら **Can I *do* ～ ?**（～してもいい？）が使われますが、それ以外の人には **May I *do* ～ ?** という丁寧な言い方を使うことをお勧めします。**Can I *do* ～ ?** の Can を過去形にして、**Could I *do* ～ ?** と言うと「仮定」のニュアンスが生じ、もっと丁寧な表現になりますが、それでも、**May I *do* ～ ?** の方がより丁寧なので、先生に対しても、目上の人、初対面の人、ビジネスの相手にもぴったりの表現といえます。お店に行くと、店員がよく **May I help you?**（いらっしゃいませ／お手伝いしましょうか／何かお探しですか）と言いますよね。店員の中には、カジュアルに **Can I help you?** と言う人もいますが、やはり客を相手にするときは、**May I help you?** の方が丁寧で良いイメージを与えます。

✓ Check! ミニ会話

> M **Kate, may I use your phone?**
> W **Sure. Go ahead.**
>
> 男 電話をお借りしてもよろしいですか。
> 女 ええ。どうぞ。

　電話を借りるときは、**May I borrow your phone?** とは言いません。**borrow** は移動できる物を借りるときに使われ、移動できない備え付けの電話を借りるときは **use** が使われます。確かに、携帯電話であれば理論上 **borrow** を使うことも可能でしょうが、それでも **use** を使う方がきれいな英語に聞こえます。

最も使える4例文

① **May I use** your bathroom?
　　トイレをお借りしてもよろしいですか。

人の家を訪問しトイレに行きたくなったときには、この表現を使ってください。実に便利で、必要不可欠な表現です。

② **May I have** your name?
　　お名前を教えていただけますか。

相手の名前を知りたいときに、**What's your name?** と言う人が日本人の中に多くいるようですが、非常に唐突な感じがするので、お勧めできません。それよりも、**May I have your name?** をぜひ使ってみてください。この表現は、目の前にいる人の名前を知りたいとき、また電話をかけてきた人の名前を知りたい時に使えます。文末に **please** をつけて、**May I have your name, please?** と言うと、より丁寧に響きます。

③ **May I speak** with you now?
　　今お話させていただけますか。

May I speak with you now? は、**May I speak [talk] to you now?** と言っても同じ意味を表します。目の前にいる人（先生や上司など）に話をしたいときに使える表現です。「ちょっと話がしたいのですが」であれば、**May I speak with you for a minute?** のように言います。また、電話をかけて「～さんをお願いします」と言うときにも、**May I speak with [speak to / talk to] Mr. White?**（ホワイトさんをお願いします）と言えば OK です。

④ **May I be** excused?
　　ちょっと失礼させていただいてよろしいですか。

これは特に食事中などに席を外すときに、一緒にいる人に向かって言う決まり文句です。トイレに行くときや、電話をしに行くときに便利です。**please** をつけて、**May I please be excused?** と言うとより丁寧に聞こえます。**May I be excused?** は食事を終えて早くテーブルを離れて遊びたい子どもたち、授業中トイレに行きたくなった子どもたちもよく使います。

公式 39

カジュアルに「依頼」するには

Will you *do* 〜 ?

〜してくれる？／〜してもらえる？

使い方のポイント

　Will you *do* 〜 ? は「〜してくれる？／〜してもらえる？」の意味を表す「依頼」の表現で、おそらく相手は断らないだろうという前提で用いる質問文です。家族、友達、同僚の間などで用いることのできる表現です。Will you *do* 〜 ? というカジュアルな表現を「〜していただけますか」と訳すのはニュアンスを無視した誤訳で、そこまでの丁寧さはありません。映画にも、よく Will you help me with this?（ちょっとこれ、手伝ってもらえる？）や Will you marry me?（僕と結婚してくれるかい？）などのセリフが出てきます。Will you *do* 〜 ? のニュアンスはそんな感じで、基本的に相手の意志を問う表現なのです。

　もちろん、please をつけて Will you please call me tonight? や Will you call me tonight, please? と言えば、より丁寧な感じに聞こえます。それでも、公式40で学ぶ Could [Would] you *do* 〜 ? の方がより丁寧な表現だということを覚えておいてください。

Check! ミニ会話

> M　How about going out for dinner tonight?
> W　I'm sorry, I can't make it. Will you give me a rain check?
>
> 男　今晩、夕食に行かない？
> 女　ごめんなさい、ちょっと無理だわ。今度また誘ってくれない？

　I can't make it. は「（都合が悪くて）できません／無理です」の意味の決まり文句です。give 〜 a rain check は「またの機会にしてもらう」の意味の熟語で、Will you give me a rain check?（また今度誘ってくれる？／またの機会にお願いできる？）の代わりに、Can I take [have] a rain check? と言うこともできます。

最も使える4例文

❶ Will you close the window?
　　窓を閉めてくれる？

返答として「いいよ／もちろん」と言う場合には大抵、**Sure.** や **OK.** と言います。「窓」の代わりに「ドア」であれば、**Will you close [shut] the door?** と言えばいいですね。

❷ Will you pass me the salt?
　　塩を取ってもらえる？

食事中に塩やコショウが欲しいときには、自ら手をいっぱいに伸ばして取るのではなく、**Will you pass me the salt [pepper]?** と言うのがマナーです。家庭の食卓であっても同様です。

❸ Will you give me a hand?
　　ちょっと手を貸してもらえる？

give 〜 a hand は「〜に手を貸す」の意味の重要熟語です。**give** の代わりに、使用頻度は下がりますが **lend** を使うこともあります。人に助けてほしいときには **Will you help me?** でもいいですが、この **Will you give me a hand?** は特に物の移動など手を使う作業を手伝ってほしいときに便利な決まり文句なので、ぜひ使ってみましょう。

❹ Will you answer the door, please?
　　誰かが来たので出てくれる？

この文を応用して「電話に出てくれない？」であれば、**Will you answer the phone?** と言います。「出る」は **answer** でいいわけです。

公式 40

> 丁寧に「依頼」するには

Could [Would] you *do* 〜 ?

〜していただけますか

📝 使い方のポイント

　公式 39 の **Will you *do* 〜?**（〜してくれる？/〜してもらえる？）よりも丁寧な依頼表現が、その過去形を用いた **Would you *do* 〜?**（〜していただけますか）です。それよりも少し丁寧に聞こえるのが **Could you *do* 〜?**（〜していただけますか）です。そのようなニュアンスの違いはありますが、実際の会話の中ではどちらもよく用いられます。例：**Could you call me back?**（折り返しお電話をいただけますか）、**Would you move over a little?**（ちょっと席を詰めてもらえますか）

　please をつけて、**Could you *do* 〜 , please?** や **Could you please *do* 〜?** と言うとより丁寧に聞こえます。例：**Could you be more specific, please?** / **Could you please be more specific?**（もっと詳しく話していただけますか）

✅ Check! ミニ会話

W **Could you drive me home tonight?**
M **Yes, I'd be happy to.**

女 今晩家まで送っていただけますか。
男 はい、喜んで。

　女性は男性に丁寧に依頼をしています。男性の返答の **Yes, I'd be happy to.** は非常によく使いますので、覚えておきましょう。**to** の後には **drive you home tonight** が省略されています。単に、**All right.** や **Sure.** や **OK.** なども使えますが、**Yes, I'd be happy to.** は丁寧な肯定の返答なので、きれいに聞こえます。反対に、断らなければならないときは **I'm sorry, but I can't.** と答え、その後に理由を簡単に述べるとよいでしょう。

最も使える4例文

① **Could you say** that again?
　　もう1度言っていただけますか。

きちんと相手の言ったことが理解できなかったとき、あるいは相手の言葉を聞き取れなかったとき、わかった振りをしてニコニコ会話を続けるのは、実は大損です。そのようなときには、**Could you say that again?** や **Could you repeat that, please?** や **I beg your pardon?** と言って聞き直すことが必要です。

② **Could you show** me how to use this copy machine?
　　このコピー機の使い方を教えていただけますか。

Could you を **Could somebody [someone]** とすれば、「どなたかこのコピー機の使い方を教えていただけますか」となります。**Could you** は目の前にいる相手への質問ですが、自分の周りにいる誰かにお願いしたい場合には、**Could somebody [someone] 〜?** を使うことができるわけです。会話の幅がグ〜ンと広がりますね。

③ **Would you do** me a favor?
　　お願いがあるのですが。

人に頼み事をするときに、最も用いられる決まり文句です。もちろん、**Could you do me a favor?** としても OK です。もっと丁寧に言いたい場合には、**I was wondering if you could [would] do me a favor.**（私のお願いを聞いてもらえませんでしょうか）と言うこともできます。
□ **do 〜 a favor**「〜の頼みを聞いてやる」

④ **Would you be able to fax** it to me tomorrow morning?
　　それを明日の朝私にファックスしていただけますか。

Would you be able to do 〜? は「〜していただけますか」の意味で、会話の中で頻繁に用いられる依頼表現です。もちろん、**Would you fax it to me tomorrow morning?** とも言えますが、**Would you be able to do 〜?** の形を使うと、相手に可能性を尋ねつつ依頼をするニュアンスが出せます。

公式 41 丁寧に「申し出る」には

Shall I *do* 〜 ?

〜しましょうか

使い方のポイント

　Shall I *do* 〜 ? は「（私が）〜しましょうか」の意味です。何かを申し出て、相手の意向や希望を尋ねる場合に用います。**Do you want me to *do* 〜 ?** や **Would you like me to *do* 〜 ?** と同じ意味を表します。よって、**Shall I give you a call tonight?**（今晩、こちらから電話をしましょうか）は、**Do you want [Would you like] me to give you a call tonight?** と同じ意味を表わすわけですね。

　さらに、I を we に変えて、**Shall we *do* 〜 ?** と言うと「（一緒に）〜しましょうか」の意味になります。これも、何かを提案して相手の意向を尋ねる表現です。**Let's *do* 〜** と同じような意味を表しますが、**Shall we *do* 〜 ?** の方が丁寧な表現です。映画のタイトル "Shall We Dance?" と同様に、**Shall we go together?**（一緒に行きましょうか）のように使います。

　なお、アメリカでは Shall I [we] *do* 〜 ? の代わりに、**Should I [we] *do* 〜 ?** を使う人も多いことを覚えておきましょう。

Check! ミニ会話

M **Shall I pick you up at the station?**
W **That'd be great.　Thank you.**

男　駅まで車で迎えに行きましょうか。
女　そうしていただけると嬉しいです。ありがとうございます。

　相手を車で拾ってあげたい場合に申し出る表現として、**Shall I pick you up?**（車で迎えに行きましょうか）は非常によく用いられます。女性の返答の **That'd be great.** の **That'd** は、**That would** の省略形です。

□ **pick up 〜**「（人を）車で迎えに行く」

最も使える4例文

❶ **Shall I do** the dishes?
皿洗いをしましょうか。

親にこのように言える子供は立派です。奥さんにこのように言える旦那も立派です（笑）。他人の家に行って食事をした後で、こちらから **Shall I do the dishes?**（皿を洗いましょうか）と申し出ることは、アメリカではごく普通の光景です。**Shall I do the dishes?** と言われたら、**Yes, please.**（はい、お願いします）や **Yes, that'd be nice.**（はい、それはありがたいですねえ）、あるいは **No, that's okay.**（いいえ、結構です）と返答すればOKです。

❷ **Shall I get** you a taxi?
タクシーをお呼びしましょうか。

これは申し出の例です。**Shall I get you a taxi?** の代わりに、**Shall I call a taxi for you?** と言うことも可能です。また、アメリカでは **taxi** のことを日常会話ではよく **cab** と言いますので、**Shall I get you a cab?** も一緒に覚えておくといいですよ。

❸ **Shall I have** him call you back later?
彼に折り返し電話をさせましょうか。

これは電話の応対に便利です。「トムに電話がかかってきたけども、今トムはいない。だから、後でトムに折り返し電話させましょうか」という場合に使う表現です。**have him call** の部分は、<have ＋目的語＋動詞の原形> の形になっており、「…に～させる」という使役の意味を表します。

❹ **Shall we go** to the park?
公園に行きましょうか。

Shall we go to the park? は「一緒に公園に行きましょうか」という意味の提案ですね。**Shall we do ～ ?** に対する返答は、肯定の場合は **Sure.** や **Yes, let's.** と、否定の場合は **No, let's not.** や **No, I'd rather not.**（いいえ、やめておきます）と言います。

公式 42

カジュアルに「提案」「助言」「勧誘」するには①

Why don't you *do* ～ ?

～したらどう？

📝 使い方のポイント

　Why don't you *do* ～ ? は、「提案」「助言」「勧誘」などを表します。直訳をすれば「どうして～しないの？」となりますが、実際には「～したらどう？／～してみてはいかが？」の意味を表します。この **Why don't you *do* ～ ?** は、**Why not *do* ～ ?** で言い換えることもできます。例：**Why don't you wait a few more days?** = **Why not wait a few more days?**（あと数日待ってみたらどう？）

　ただし、どちらも軽い感じで丁寧さのない口語表現なので、家族や友達には使ってもいいわけですが、特に改まった会話の中（目上の人や仕事関連の人に対して）では用いないようにしましょう。

✅ Check! ミニ会話

> W| **I'm putting on weight again.**
> M| **Then, why don't you go on a diet?**
>
> 女| また太ってきたわ。
> 男| じゃあ、ダイエットでもしてみたら？

Why don't you go on a diet? の代わりに、**Why don't you diet?** と言うことも可能です。**diet** は名詞、動詞の両方に使われる語です。
☐ **put on weight**「体重が増える、太る」（= **gain weight**）　☐ **go on a diet**「ダイエットをする」

最も使える4例文

① **Why don't you join** us?
　　君も来ない？

Why don't you join us? は、いろんな場面で使える便利な決まり文句です。「私たちに加わりませんか」ということなので、自分たちがどこかに行く場合には「君も来ない？」となりますし、自分たちがテニスをする場合であれば「一緒にやらない？」、自分たちが食事をしているテーブルに相手を誘うのであれば「一緒にどう？」となります。**Why not join us?** でも OK です。

② **Why don't you ask** Mr. Smith?
　　スミスさんに聞いてみたらどう？

Why not *do* **～?** で言い換えると、**Why not ask Mr. Smith?** となります。どちらの表現パターンも自由に使えるように練習しておきましょう。また、「～について聞いてみたら？」と言いたい場合には **about ～** をつけ加えて、**Why don't you ask Mr. Smith about it?**（それに関しては、スミスさんに聞いてみたらどう？）となります。

③ **Why don't you take** a break?
　　ひと休みしたらどう？

take a break（= **have a break**）は「ひと休みする、休憩する」の意味で、トイレ休憩をはじめ、リラックスするために小休止することを言います。「ひと休みする」というとすぐに **take a rest** を思い浮かべる人もいるかもしれませんが、**take a rest** は遠足や仕事などの途中で体の疲労を回復させるために体を休めるときに用い、**take a break** とはニュアンスが異なるので気をつけましょう。「10分間の休憩を取る」は、**take a ten-minute break** と言います。

④ **Why don't you give** it a try?
　　それをやってみてはどう？

Why don't you give it a try? は、もっと簡単に **Why don't you try it?** と言うこともできます。**give ～ a try** は「～を試してみる、～に挑戦してみる」という意味で、日常会話でよく使われる表現です。

公式 43

カジュアルに「提案」「助言」「勧誘」するには②

Why don't we *do* 〜？

一緒に〜するのはどう？／〜してみてはどう？

📝 使い方のポイント

　公式 42 では、**Why don't you *do* 〜？**（〜したらどう？）のパターンを学びました。ここでは **you** を **we** に変えた **Why don't we *do* 〜？**（一緒に〜するのはどう？／〜してみてはどう？）のパターンをマスターしましょう。**Why don't we *do* 〜？** は友達や家族など、同等の相手に対して使うことが多く、公式 37 の **Let's *do* 〜** よりは丁寧ですが、わりとフレンドリーな表現なので目上の人やあまり親しくない人には使いません。目上の人たちに対しては、より丁寧な **Shall we *do* 〜？** を使うのが理想的です。

　Why don't we *do* 〜？ に対する返答としては、肯定の場合なら **Great!**（いいねえ）や **Sure, why not?**（ええ、もちろん）と、否定の場合なら **I'm sorry, but I can't.**（残念ですが、ちょっと無理です）と言えばよいでしょう。

　さらに、**we** を **I** に変えて **Why don't I *do* 〜？** と言えば「（私が）〜しましょうか」の意味の提案を表します。これよりも丁寧に聞こえる表現が、公式 41 の **Shall I *do* 〜？** です。

✅ Check! ミニ会話

> Ⓜ **Why don't we play pool?**
> Ⓦ **Yeah, sounds great!**
>
> 男 ビリヤードでもやらない？
> 女 ええ、いいわね。

男性は女性に「ビリヤードをしない？」と提案しています。こんなとき、**Why don't we *do* 〜？** のパターンは実に便利です。アメリカでは、ビリヤード場に行かなくても、ビリヤード台を持っている家は結構多いんですよ。「ビリヤードをする」は **play pool** の他、**play billiards** とも言います。

最も使える4例文

> ① **Why don't we take** a picture here?
>   ここで写真を撮らない？

旅行中に、ここで家族や友達と一緒に写真を撮りたいというときに使えるのが、**Why don't we take a picture here?** です。大抵は「みんなで一緒に撮りたいなあ。じゃあ、その辺を歩いている人に頼もうか…」となるわけで、できるだけ優しそうな人を見つけて、**Could you please take our picture?** や **Would you mind taking our picture?**（写真を撮っていただけますか）と頼んでみましょう。

> ② **Why don't we have** Chinese tonight?
>   今夜は中華料理でどう？

外食で、あるいは家で何を食べるかを提案したい場合に使える表現です。**Chinese** の部分を、**Italian**（イタリア料理）や **Mexican**（メキシコ料理）、**Japanese**（日本料理）、**French**（フランス料理）などに変えて、練習してみましょう。

> ③ **Why don't we get** started?
>   じゃあ、始めましょうか。

Why don't we get started?（始めましょうか）は、何かを開始・スタートさせたい場合に使える表現です。仕事、会議、パーティーなどいろんな場面で使えます。

> ④ **Why don't I help** you?
>   助けましょうか。

困っている人、手を貸してほしそうな人には、こちらから **Why don't I help you?**（助けましょうか／助けてあげようか）とフレンドリーに言ってあげるといいですね。これは **Do you need help?**（助けがいりますか）とほぼ同じ意味です。

公式 44

動詞 let には「〜させる」という許可の意味がある

Let me *do* 〜

〜させてください

使い方のポイント

<let ＋目的語＋動詞の原形> は、「…に（自由に）〜させる」の意味を表します。よって、**Let me *do* 〜**は、相手に対して「私に〜させてください」と「許可」「容認」を求める表現となります。動詞「許す」の **allow** や **permit** と近い意味を表します。

let の後の目的語は、**me** 以外にもいろんなものが来ますので、**Let us *do* 〜** であれば「私たちに〜させてください」、**Let him [her] *do* 〜** であれば「彼［彼女］に〜させてください」のような意味となります。同じように考えると、ビートルズの "**Let It Be**" は「そのままにしておきなさい」という意味だとわかりますよね。

また、**let's** は **let us** の短縮形ですが、ここでは「勧誘は **let's**、許可を求めるのは **let us**」と簡潔に覚えておきましょう。

Check! ミニ会話

M I'm afraid I don't understand what you mean.
W Okay then, **let me put** it this way.

男 すみませんが、あなたのおっしゃっていることの意味が理解できません。
女 なるほど、では、こう言えばどうでしょう。

Let me put it this way. は自分の言ったことを相手が十分に理解していないときに、「つまり私の言いたいことはこういうことです／こんな感じで説明するとどうでしょうか」と、より明快な言葉を探しながら説明をし直す場合に用いる決まり文句です。動詞 **put** には「〜を表現する」の意味もあるのです。例：**Let me put it another way.**（別の言い方をしましょう）、**How shall [should] I put it?**（どう言えばいいのかなあ）

最も使える4例文

① **Let me ask** you a question.
　　1つ質問させてください。

相手に何かを質問したいときは、**Let me ask you a question.** がとても便利です。このパターンを覚えておけば、**Let me ask you another question.**（もう1つ質問させてください）や **Let me ask you something.**（ちょっと質問させてください）など、いろいろと応用が利きますね。

② **Let me know** if you have any questions.
　　何か質問があればお知らせください。

let me know（私に教えてください／私にお知らせください）を使った英文は、日常会話だけでなく、手紙、メールにも頻繁に登場します。**Let me know what you think.**（あなたの意見を聞かせてください）や **Please let me know your flight schedule.**（あなたのフライトスケジュールを教えてください）のように使います。

③ **Let us go** there now.
　　私たちに今そこに行かせてください。

Let us do ～ は文脈によっては、公式37の **Let's do ～** のように「～しましょう」という勧誘の意味を表すこともありますが、ここでは「私たちに～させてください」という許可の意味だけを覚えておけば大丈夫です。ただし、**Let's do ～** の方は、許可の意味を表すことはなく、勧誘の意味だけを表します。

④ **Let him do** what he wants to do.
　　彼のやりたいようにさせておけ。

「彼のやりたいように勝手に［自由に］させておけ」という意味です。熟語を使ってもっと簡単に、**Let him have [get] his own way.** と言っても OK です。
□ **have [get]** *one's* **own way**「自分の思い通りにする」

公式 **45** 「喜び」を表す決まり文句はこれ

CD 46

I'm glad 〜

〜して嬉しいです

使い方のポイント

「〜して嬉しい」には、**I'm glad 〜**で始まるパターンを使うと便利です。日本語としては、「〜してよかったです」と訳すと自然な場合もあるでしょう。**I'm glad** の後に ① to 不定詞が続く場合と ② that 節が続く場合の 2 つの使い方を覚えておきましょう。① は **I'm glad to hear that.**（それを聞いて嬉しいです）が代表的な例です。初対面の人に「お会いできて嬉しいです」というときに、**Glad to meet you.** と言うことがありますが、それは **I'm glad to meet you.** の **I'm** が省略された形です。② の例としては、**I'm glad (that) you passed the test.**（あなたが試験に合格したのを聞いて嬉しいです）がわかりやすいでしょう。

「嬉しさ」を表す形容詞としては、**glad** 以外にも **happy** や **pleased**、**delighted** などがあります。日常会話では **glad** と **happy** が最も用いられます。**pleased** と **delighted** は書き言葉でよく用いられ、かしこまった表現です。すべて、**I'm glad [happy / pleased / delighted] 〜**の形で覚えておきましょう。

✓ Check! ミニ会話

> M **I'm happy** to be here again.
> W That's wonderful. **Glad** to hear you say that.
>
> 男 ここにまた来ることができて嬉しいです。
> 女 よかったです。そう言ってもらえて嬉しいです。

男性の **I'm happy to be here again.** は、**glad** を使って **I'm glad to be here again.** と言っても OK です。女性の **Glad to hear you say that.** は文頭の **I'm** が省略されています。**hear you say that** の部分は **<知覚動詞 hear ＋目的語（you）＋動詞の原形>** の形になっているので、「あなたがそう言うのを聞いて」という意味になります。

最も使える4例文

❶ I'm glad to see you again.
またお会いできて嬉しいです。

初対面の人には **I'm glad to meet you.**（お会いできて嬉しいです）と言いますが、誰かと再会したときには、**I'm glad to see you again.** と言います。もちろん、**I'm** を省略して、**Glad to see you again.** と言っても OK です。

❷ I'm glad to hear from you.
あなたから連絡をもらえて嬉しいです。

これは電話で連絡をもらえた時だけでなく、郵便の手紙・ハガキや E メールをもらった時にも使える表現です。**I'm** を省略して、**Glad to hear from you.** ともよく言います。
□ **hear from ～**「～から連絡をもらう」

❸ I'm glad you like it.
喜んでもらえて嬉しいです。

I'm glad の後には **that** が省略されています。**I hope you [you'll] like it.**（気に入ってもらえるといいのですが）は人に物をあげる時に言う決まり文句ですが、**I'm glad you like it.** は、相手が自分からのプレゼントを手にした後、気に入って嬉しそうにしている様子を見た時に言う決まり文句です。2つをセットで覚えておきましょう。

❹ I'm glad that things are going well for you.
（あなたにとって）すべて順調に行っていることを嬉しく思います。

things are going well for you の **things** は「万事、すべて／今の情勢・状況」の意味で用いられています。**for you** の部分は、**with you** と言うこともあります。**I'm glad (that) things are going well for you.** は相手にとって物事が順調に運んでいることを知り、「よかったですね／嬉しいです」とコメントするときによく用いられる決まり文句です。同じ英文でもビジネスレター（E メール）で書く場合には、「時下ますますご清栄のこととお慶び申し上げます」に相当します。

公式 46

hope と wish の違いとは？

I hope (that) 〜

〜であることを望みます

使い方のポイント

I hope (that) 〜は「〜することを望みます／〜するといいのですが」という自分の「希望・願望」「期待」を表す表現です。**I hope the weather will clear up tomorrow.**（明日は晴れるといいなあ）のように、**I hope (that) 〜**の後には、「実現可能なこと」や「望ましいこと」が来ます。なお、同じ願望でも **I wish (that) 〜**は「非現実的なことへの願望」を表すので、違いを覚えておきましょう。例：**I wish I were five inches taller.**（もう5インチ背が高ければいいのになあ）

hope を用いた否定文では、否定語は hope の後の動詞に結びつけます。例：**I hope it won't rain tomorrow.**（明日雨が降らなければいいのですが）　また、**hope** は目的語に that 節だけでなく、to 不定詞も取ることを覚えておきましょう。例：**I hope to see you again.**（またお目にかかりたいと存じます）

Check! ミニ会話

M **Here's a little something for you. I hope you like it.**
W **Oh, George, thank you so much.**

男 これを君にと思って。気に入ってもらえるといいんだけど。
女 まあ、ジョージ、本当にありがとう。

人に物をプレゼントする際によく使う決まり文句が、**I hope you [you'll] like it.**（気に入ってもらえるといいのですが）です。これは料理で人をもてなすときにも使える決まり文句で、その場合には「お口に合うといいのですが」という意味になります。**Here's a little something for you.**（これを君に差し上げようと思って）は、日本語の「つまらない物ですが」に相当する言葉としても使えます。代わりに、**Here's a gift [present] for you.** と言うこともできます。

最も使える4例文

❶ I hope you enjoy your trip.
　　旅行を楽しんできてくださいね。

旅行に出かける人に対して言う決まり文句です。**your trip** の部分を、**your stay**（滞在）、**your summer vacation**（夏休み）、**your flight**（飛行機での旅）などに変えるといろんなことが言えますね。

❷ I hope you have a great time in Hawaii.
　　ハワイでは素晴らしい時間を過ごしてください。

もちろん、この文は「ハワイで楽しく過ごせればいいですね」と訳しても OK です。**great** は日常会話で何かを評価するときによく用いられる表現の１つです。「良い、素晴らしい、楽しい、素敵な、偉大な、おいしい、面白い」など文脈によってさまざまな意味を持ちます。

❸ I hope everything goes well.
　　すべてがうまくいくといいね。

これは単に物事がうまくいくことを願うとき、また相手を励まし元気づけるときにも使える決まり文句です。文末に **for you** をつけて、**I hope everything goes well for you.** と言うこともあります。同じことを、**I hope everything will work out.** や **I hope everything will be fine.** と言うことも可能です。

☐ **go well**「うまくいく、順調に進む」

❹ I hope you get well soon.
　　早く良くなってくださいね。

I hope you get well soon. は、病気の人に対して使う決まり文句で「早く良くなってくださいね／早く良くなるといいですね」の意味を表します。もちろん **you** の部分は **you'll** でも構いません。「お大事に」と言いたい場合にも、この表現を使うといいでしょう。

☐ **get well**「病気が治る、元気になる」

公式 47

言いにくいことを言う前に、この前置きで語気を和らげよう

CD 48

I'm afraid (that) 〜

残念ですが

使い方のポイント

I'm afraid (that) 〜は、「あいにく〜／残念ですが／申し訳ございませんが〜」などの意味を表します。**I'm afraid he's in the meeting right now.**（申し訳ございませんが、彼は今会議中です）や **I'm afraid it won't work out.**（それはうまくいかないでしょう）のように、**I'm afraid (that) 〜**の後には「好ましくないこと／よくないこと／心配なこと／起きてほしくないこと」などが来ます。

日常会話の中では、やはり **that** を省略するのが普通で、**that** がない方が文の流れが良くなり、リズム感が出ます。

✓ Check! ミニ会話

W **I'm afraid** you've got the wrong number.
M Oh, I'm sorry.

女 電話番号をお間違えのようですよ。
男 あっ、失礼しました。

間違い電話がかかってきたときに使う表現が、**I'm afraid you've got the wrong number.** です。**you've got** は **you have** と同じ意味ですから、**I'm afraid you have the wrong number.** と言ってもいいですし、**I'm afraid you must have the wrong number.** と言うこともできます。間違い電話をかけてしまった人は、無言で電話を切るようなマナー違反をせず、**I'm sorry. I must have the wrong number.**（すみません。番号を間違えたようです）などと簡潔に謝罪をして電話を切りましょう。

最も使える4例文

① I'm afraid I can't go today.
残念だけど、今日は行けません。

誰かにどこかに行こうと誘われたとき、よく使う表現です。「残念だけど〜できません」と言いたいときには、**I'm afraid I can't 〜** のパターンが便利です。相手の依頼や申し出を遠回しに断るときにも、**I'm afraid I can't do that.**（残念ですが、それはできません）や、もっと簡単に **I'm afraid I can't.** と言うことができます。

② I'm afraid I have to go now.
すみませんが、もう行かなくてはなりません。

別れ際の挨拶ですね。**I'm afraid** を文頭に置くことによって、「残念さ／相手に対する申し訳なさ」をうまく婉曲的に表現できます。同じことを、**I'm afraid I have to leave now.** や **I'm afraid I must be going now.** や **I'm afraid I have to get going now.** と言うこともできます。

③ I'm afraid it'll rain tomorrow.
明日は雨になりそうですね。

「残念ながら、明日は雨が降ると思います→明日は雨になりそうですね」という意味です。つまり、明日雨が降ってほしくない人にとってみれば、雨は「起こってほしくないこと」ですから、**I'm afraid (that) 〜** を用いるわけです。同様に、雪が降ってほしくない人は、**I'm afraid it'll snow tonight.**（今日は雪が降りそうですね）と言うでしょう。

④ I'm afraid she's out to lunch now.
あいにく、彼女は今昼食に出ています。

仕事の件で誰かに電話したとき、ちょうどその人がランチに出かけてしまっているということはよくありますよね。そんなときによく用いられるのが、この表現です。**she's out to lunch** の代わりに、**she's gone out for lunch** や **she's stepped out for lunch** などの表現もよく用いられます。

公式 48

選択疑問文は、イントネーションに注意しよう

～ A or B ?

A ですか、それとも B ですか

使い方のポイント

「A ですか、それとも B ですか」と相手に2つの選択肢の中からどちらであるかを尋ねる質問です。文の終わりは必ず、**< ～ A or B?>** の形になります。このタイプの疑問文は、「選択疑問文」と呼ばれます。当然、**Yes / No** で答えることはできません。

選択疑問文のイントネーションは、**A** の後は上昇調（上がり調子）で、**B** の後は下降調（下がり調子）となることに注意しましょう。例：**Which do you like better, dogs or cats?**（犬とネコのどちらが好きですか）　この選択疑問文では、**dogs** の後が上昇調、**cats** の後が下降調となります。

Check! ミニ会話

M **Which do you prefer, Japanese food or Chinese food?**
W **I like Japanese food better.**

男　日本料理と中華料理のどちらが好きですか。
女　日本料理の方が好きです。

prefer の代わりに、**like better** を用いて、**Which do you like better, Japanese food or Chinese food?** と言っても OK です。この質問は相手の食の好みを聞いているものであり、どちらか一方の方がより好きだと答える人ばかりではないはずです。そこで「どちらも同じくらい好きです」と言いたい場合には、**I like both of them about the same.** と言えばいいでしょう。

> 最も使える4例文

❶ Did you go there by bus or by train?
あなたはそこにバスで行ったのですか、それとも電車で行ったのですか。

返答として「バスで行きました」と言う場合は、**I went there by bus.** と言ってもよいわけですが、大抵は簡単に **By bus.** と言う人がほとんどです。バスでも電車でもなく、「タクシー」で行った場合はどう言えばよいのでしょうか。そのときには、**Actually, I took a taxi.**（あるいは簡単に、**Actually, by taxi.**）と言えば OK です。選択疑問文とはいえ、答えが必ず A か B になるとは限らないので、臨機応変に対応することが大切です。

❷ Would you like to pay by cash or charge?
お支払いは現金ですか、それともカードですか。

ホテルやレストラン、お店などでよく聞かれる質問です。もっと簡単に、**Cash or charge?** と聞かれることもあります。返答としては、現金なら **By cash.** と、カードなら **By charge.** や **By credit card.** と言えば OK です。

❸ Would you like tea or coffee?
紅茶がいいですか、それともコーヒーがいいですか。

「紅茶とコーヒーのどちらが飲みたいか」を聞く場合は、通常の選択疑問文として、イントネーションは **tea** の後が上昇調、**coffee** の後が下降調となります。しかし、同じ英文であっても、「紅茶やコーヒーなどの飲み物はいかがですか」の意味を表す場合は、**tea** と **coffee** の後はどちらも上昇調になります。その場合は一般疑問文であり、**Yes / No** で答えることができるため、返答は **Yes, please.** または **No, thank you.** となります。

❹ Is the staff meeting next week or the week after?
スタッフ会議は今週ですか、それとも来週ですか。

返答としては、**It's next week.**（来週です）のように答えます。通常、「再来週」は **the week after next** と言いますが、この質問文では **the week after** の直前に **next week** があるため、**the week after** だけで「その次の週→再来週」ということがわかるので、**week** は省略されています。

公式 49

〈how + to 不定詞〉で、何でも恐れず尋ねてみよう

CD 50

Do you know how to *do* 〜 ?

〜の方法を知っていますか

使い方のポイント

　日本語にも「ハウツーもの」という言葉がありますが、**<how + to 不定詞>**（〜の方法／〜のやり方／〜の仕方）の句は頻繁に用いられます。この **<how to do 〜>** はとりわけ、直前に **know**（〜を知っている）や **tell**（…に〜を伝える）、**teach**（…に〜を教える）などの動詞と一緒に結びついて用いられます。そして、人に「何かの方法／やり方」を尋ねる場合に最も用いられる質問文が、**Do you know how to *do* 〜 ?**（〜の方法を知っていますか）なのです。

　それをさらに応用させて、**Could you tell me how to *do* 〜 ?**（〜のやり方を教えていただけますか）や **I know how to *do* 〜**（私は〜のやり方を知っています）などの表現も自由に使えるように練習しておきましょう。

Check! ミニ会話

> M **Do you know how to bake cookies?**
> W **Of course. Baking is one of my hobbies.**
>
> 男 クッキーの作り方を知ってるの？
> 女 もちろんよ。オーブンでの調理は私の趣味の1つなんだから。

how to bake cookies で「クッキーの焼き方」という意味になります。「料理法」については、一般的に **<how to cook 〜>** で覚えておけばよいでしょう。**how to cook rice**（ご飯の炊き方）、**how to cook Japanese food**（日本料理の作り方）、**how to cook steak**（ステーキの料理法）など、いろいろと表現できますよ。

□ **bake**「〜をオーブンで焼く」

最も使える4例文

❶ Do you know how to use it?
　　それの使い方、わかりますか。

機器の使い方をはじめ、物の使い方がわからない場合にこの表現を使います。もちろん、相手に「使い方を知っていますか→使い方を知っているのであれば教えてくださいますか」のメッセージを伝える質問文です。自分の目の前にある物であれば、**Do you know how to use this?** と聞けばいいですね。

❷ Do you know how to play chess?
　　チェスのやり方を知っていますか。

chess（チェス）の代わりに、**shogi**（将棋）、**go**（碁）、**mahjong**（麻雀）などを入れて質問してもいいですね。
□ **play chess**「チェスをする」

❸ I don't know how to say it in English.
　　それを英語でどう表現したらよいのかわかりません。

日本語の言葉や文をうまく英語で表現できないときってありますよね。そんなときには、素直にこう言いましょう。同様に、英語や他の言語をうまく日本語に訳せない場合には、**I don't know how to say it in Japanese.** と言えばいいですね。

❹ Could you tell me how to get to the ABC Store?
　　ABC ストアへの行き方を教えていただけますか。

「〜に行く方法／〜への道順」を尋ねるときは、通常は「口頭で教えてもらう」ことを期待するので **tell** を使います。地図を見せて「示してもらう」場合は **show** を使います。なお、**teach** は道順を尋ねたり教えたりするときには用いません。

107

公式 50

「間接疑問文」は語順に注意しよう

Do you know ＋ 疑問詞 ＋ 主語 ＋ 動詞 ?

～か知っていますか／～かわかりますか

使い方のポイント

疑問詞を含む文に **do you know** が結びつくと、語順は必ず **<Do you know ＋ 疑問詞＋主語＋動詞 ?>** の形（間接疑問文）になります。**Do you know** の後には、**what**、**who**、**which**、**when**、**where**、**why**、**how** などの疑問詞で始まる文が来ます。例えば、**Do you know what this is?**（これが何かわかりますか）や **Do you know who he is?**（彼が誰だかわかりますか）のようになります。

このタイプの疑問文は、**Yes / No** で答えられるわけですが、実際の会話の中では **Yes, I do.** や **No, I don't.** と答えるだけでは不十分です。「知っている」場合には、きちんと相手に情報を提供してあげましょう。

このような形を取る動詞には、**know** の他に **see**（わかる）や **understand**（理解する）、**remember**（覚えている）などがあります。また、**Do you know** は後に疑問詞だけでなく、名詞節を導く接続詞の **if / whether**（～かどうか）なども来ます。例：**Do you know if [whether] he will be able to handle this?**（彼がこれをうまく扱えるかどうかわかりますか）

✓ Check! ミニ会話

M **Mom, do you know what I want for my birthday?**
W **No, I have no idea. What would you like?**

男 お母さん、僕の誕生日に何が欲しいかわかる？
女 いいえ、わからないわ。何が欲しいの？

息子と母親の会話です。**Do you know** の後に疑問詞 **what** で始まる文が続く例です。**I have no idea.** は「まったくわかりません」の意味の決まり文句です。母親は **What would you like?** と聞いていますが、親子の会話の中でもこのような丁寧な言い方をすることはよくあります。

最も使える4例文

❶ Do you know what time it is?
今何時かわかりますか。

こう聞かれたら、会話では **It's 2:30.**（2時30分です）のように、時・分の順で言うのが普通です。ただし、時に **It's ten to [before] six.**（6時10分前です→5時50分です）や **It's a quarter past [after] four.**（4時15分過ぎです→4時15分です）などと表現する人もいます。ちなみに、**It's three o'clock.**（3時です）の **o'clock** は、**of the clock** の短縮形です。さらに、副詞 **sharp**（ちょうど、きっかり）を使って、**It's 9 sharp.**（9時ちょうどです）と言うこともあります。

❷ Do you know when he will come here?
彼がいつ来るかわかりますか。

when を **what time** に変えても OK です。この文を応用して「次のバスはいつ発車するかわかりますか」と聞きたい場合には、**Do you know when the next bus will leave?** と言えばいいですね。

❸ Do you know where Tim is?
ティムがどこにいるかわかりますか。

人の居場所、物の位置を聞くときに、この **Do you know where 〜?** のパターンが便利です。「ブラウン先生」を探しているのであれば、**Do you know where Mr. Brown is?** となりますし、「公衆トイレ」を探しているのであれば、**Do you know where the restroom is?** と言えばよいのです。

❹ Do you know why he called me?
なぜ彼が私に電話をしたのかわかりますか。

理由を尋ねるときは、**Do you know why 〜?** です。このパターンを使えば、**Do you know why it happened?**（どうしてそんなことになったのかわかりますか）や **Do you know why she said no?**（どうして彼女がノーと言ったのかわかりますか）とも言えますね。

公式 51

「確信」を表すときはこの前置きを

I'm sure (that) ～

きっと～だと思います

使い方のポイント

I'm sure (that) ～は「きっと～だと思います／～ということを確信しています」という「確信」を表す表現です。**I'm sure you will succeed.**（君はきっと成功すると思うよ）のように使います。この **I'm sure** を使うと、確信を表す副詞（**surely / certainly / definitely** など）を使わなくてもすみます。例えば、**Your dream will definitely come true.** も **I'm sure your dream will come true.** と言えるわけです。あなたが「きっと～だ」と確信していることをどんどん that 節の部分に入れて、使ってみてください。

ただし、**Are you sure (that) ～?** の場合には、「本気で～と思っているの？」という意味を表すことがあることを覚えておきましょう。例：**Are you sure you really want to do that?**（あなたは本当にそれをやりたいと思っているの？）状況に応じて、意味を的確に判断する必要があります。

✓ Check! ミニ会話

W **I'm so nervous about this presentation.**
M **Don't worry. I'm sure you'll do just fine.**

女 このプレゼンのことですごく緊張してるの。
男 心配しなくていいよ。君だったら、きっとうまくできるから。

プレゼンテーションを前に緊張している女性に、男性が励ましの言葉をおくっています。これから何かに取り組もうとしている人には、**I'm sure you'll do just fine.** と言ってあげるといいですよ。

最も使える**4**例文

① I'm sure you've heard this song before.
きっとあなたもこの曲を以前聞いたことがあると思います。

I'm sure の後の that 節は、**have heard** と現在時制（現在完了）になっています。<**I'm sure you've ＋過去分詞**> の形は、相手のこれまでの経験についてコメントする際によく用いられます。例：**I'm sure you've tried it before.**（きっとあなたもそれをやったことがあると思います）

② I'm sure everybody liked your idea.
きっとみんながあなたのアイデアを気に入ったと思いますよ。

ここでは、**I'm sure** の後の that 節が **liked** と過去時制になっています。**I'm sure** の後の that 節は、過去時制、現在時制、未来時制のすべてを置くことが可能です。

③ I'm sure many people will appreciate it.
きっと多くの人がそれに感謝するでしょう。

ここは that 節の部分に **will appreciate** と未来時制が使われています。この英文を応用すれば、「きっと彼はあなたの協力に感謝することでしょう」なら、**I'm sure he will appreciate your help [cooperation].** と言えますね。

④ I'm sure Emily will make a good wife.
エミリーならきっといい奥さんになると思います。

この場合の **make** は「〜になる」の意味を表します。**make** の代わりに **become** でもよいのですが、**make** は **become** よりも「良い素質が備わっているので、これから努力すれば〜になるだろう」というような非常に肯定的なニュアンスを含んでいます。さらに「彼にとって」を加えるなら、**Emily will make a good wife for him.** や **Emily will make him a good wife.** のように言います。

公式 52

「確信がない」ことを言うときはこの前置きを

I'm not sure if [whether] ～

～かどうかよくわかりません

📝 使い方のポイント

　if と whether はどちらも「～かどうか」という意味の接続詞で、「選択」を表す名詞節を作ります。**I'm not sure if [whether] this is correct.**（これが正しいのかどうかよくわかりません）のように用います。文末に **or not** をつけて、**I'm not sure if [whether] this is correct or not.** と言うこともありますが、会話の中では大抵 **or not** は省略されます。if と whether はどちらも会話の中で用いられますが、**if** の方が **whether** よりも使用頻度は高いことを覚えておいてください。

　I'm not sure if [whether] ～は、**I don't know if [whether] ～**と形も意味もよく似ていますが、**I don't know ～**の「全くわかりません／知りません」に対して、**I'm not sure ～**の方は「どうでしょう／よくわかりません／自信がありません」という少し曖昧で遠回しに返答するニュアンス（つまり、100％の確信はないという意味）があります。

　I'm not sure ～も **I don't know ～**と同じく、後に **if [whether]** の節だけでなく、＜疑問詞（wh 節）＋主語＋動詞＞の形も取ります。例：**I'm not sure how he feels about it.**（彼がそのことをどう思っているのか私にはよくわかりません）

✅ Check! ミニ会話

[M] **I'm not sure if** I've given you my phone number.
[W] **Yes, it was on the business card you gave me.**

[男] 私の電話番号はもうあげてましたかねえ。
[女] ええ、あなたがくださった名刺に書かれていましたよ。

I'm not sure if ～は、男性の発言のように「～はどうでしょうかねえ？」と記憶が定かでないときにも非常に便利な表現です。

☐ business card「名刺」

最も使える4例文

❶ I'm not sure if this is the best way.
これが一番よい方法なのかどうか、わかりません。

文末に to 不定詞をつければ、**I'm not sure if this is the best way to approach the problem.**（これがその問題を解決する最善の方法かどうかはよくわかりません）とも言えます。

❷ I'm not sure if he told me a lie.
彼が私に嘘をついたのかどうかはわかりません。

過去の出来事に対して、現在「どうなのかなあ」と言っている例です。
□ **tell a lie**「嘘をつく」

❸ I'm not sure if I should buy it.
私はそれを買うべきかどうかよくわかりません。

「～をすべきかどうか迷っている」場合にも、**I'm not sure if ～**のパターンが使えます。例：**I'm not sure if I should find a new job.**（転職すべきかどうかわかりません）

❹ I'm not sure if I can complete this report by the deadline.
この報告書を締め切りまでに終えることができるかどうかわかりません。

ビジネスの現場では、このようなことを言う場面も多いことでしょう。私自身、本を書くときはいつも、**I'm not sure if I can submit my manuscript to the publisher by the deadline.**（締め切り日までに出版社に脱稿できるかどうかわかりません）です。

□ **by the deadline**「締め切り日までに」　□ **submit**「～を提出する」　□ **manuscript**「原稿」

公式 53

if 節の中は未来の出来事でも現在形

if ＋ 主語 ＋ 動詞

もし〜ならば

使い方のポイント

接続詞 **if**（もし〜ならば）は、①「現実の条件」と ②「非現実の条件」（＝仮定法）のどちらにも用いられます。① の例は、**If you go, I'll go.**（もしあなたが行くのなら、私も行きます）です。② の例は、**If I knew his phone number, I would tell you.**（もしも彼の電話番号を知っていたら、教えてあげるのに）です。ここでは、① の例だけを扱います。

if（もし〜ならば）や **unless**（〜しなければ）などは「条件」の副詞節を導く接続詞なので、「時」の副詞節を導く接続詞と同じく、未来の出来事であっても、if 節には現在時制を用います。よって ① の場合も、**If you will go,** ではなく、**If you go,** となるわけです。なお、if 節は文頭に置いても、後に置いてもどちらでも構いません。

✓ Check! ミニ会話

M **If you work** hard, your dream will definitely come true.
W **You really think so? I'm glad to hear you say that.**

男 一生懸命頑張れば、君の夢は必ずかなうと思うよ。
女 本当にそう思うの？あなたにそう言ってもらえて嬉しいわ。

仕事、勉強、その他何であっても、私たちは「（もしも）一生懸命頑張れば〜」と相手に言うことがありますよね。そんなとき英語では、**if you work hard** と言います。例：**If you work hard, you'll pass the exam.**（一生懸命頑張れば、君はテストに合格するよ） **I'm glad to hear you say that.** もよく使う決まり文句で、「あなたがそう言うのを聞いて私は嬉しいです→そう言ってもらえて嬉しいです」の意味を表します（公式 45）。

□ **definitely**「きっと、必ず」　□ **come true**「実現する」

最も使える4例文

❶ If it's fine tomorrow, let's go golfing.
もし明日晴れだったら、ゴルフに行きましょう。

「明日」という未来のことに言及するときも、if節の中は現在形が使われていますね。このポイントをしっかりと押さえておきましょう。**go golfing** は「ゴルフをしに行く」という意味ですが、英語にはこの **<go ＋～ ing（現在分詞）>** の表現はたくさんあります。**go swimming**（泳ぎに行く）、**go fishing**（釣りに行く）、**go skiing**（スキーに行く）、**go skating**（スケートに行く）、**go bowling**（ボーリングに行く）、**go shopping**（買い物に行く）などです。すべて、「体を何らかの形で動かす／運動を伴う」ものに使われています。

❷ The outdoor concert will be canceled if it rains.
野外コンサートは、雨が降れば中止になります。

雨になると多くのイベントが中止されますよね。そんなときは、**The outdoor concert** の部分を他の語に変えて、いろんなことを自由に表現してみましょう。

❸ If you have a question, please raise your hand.
何か質問があれば、手を挙げてください。

これはみなさんもおなじみの英文ではないでしょうか。ここでは **please** がついているので、会議やワークショップの中で司会者や講師の人が、聴衆に対して用いる表現と考えればよいでしょう。教室内で、先生が生徒に対して言う場合は **please** を取って、**If you have a question, raise your hand.** と言うのが普通です。

❹ If you don't mind, I'd like to have your e-mail address.
もし差しつかえなければ、あなたのEメールアドレスをいただきたいのですが。

if you don't mind は「もし差しつかえなければ／もしよろしければ」の意味を表す決まり文句です。これをつけることによって、ぶしつけな言い方を避けることができ、丁寧に聞こえます。例：**I have another question (for you) if you don't mind.**（よろしければ、もう1つ質問があるのですが）

公式 54

「時」を表す接続詞①

when ＋ 主語 ＋ 動詞

〜した時／〜する時

使い方のポイント

when 〜は「〜した時／〜する時」の意味の「時」を表す接続詞です。ここでは直後に ① 過去時制を用いる場合と、② 現在時制を用いる場合の２つのケースを練習しましょう。when 〜の副詞節は文頭に置いても、後に置いてもどちらでも構いません。

① は **The wine glass broke into pieces when I dropped it.**（私が落としたとき、ワイングラスはこなごなに割れてしまいました）のような例です。② は **Please let me know when you are finished.**（終わり次第ご連絡ください）のように、未来の事柄を表すのに、現在時制を用いる場合です。

when の他、**after**（〜した後で）、**before**（〜する前に）、**until / till**（〜するまで）や **as soon as**（〜するとすぐに）などのように「時」を表す副詞節の中では、未来の出来事を表すのに現在時制を用います。

Check! ミニ会話

M **Don't come home late tonight, okay?**
W **When the movie's over, I'll come straight home, Dad.**

男 今夜は遅く帰るんじゃないぞ、いいかい？
女 映画が終わったら、真っすぐに帰るから、お父さん。

娘の帰り時間をいつも心配しているお父さんです。**When the movie's over,**（映画が終わったら）の部分に現在形が使われていることを確認しておきましょう。**the movie's** は **the movie is** の省略形です。

□ **come straight home**「（寄り道をせずに）真っすぐに家に帰る」

最も使える4例文

❶ When I was a little child, I liked to go to the zoo.
　　私は幼い頃、動物園に行くのが好きでした。

「昔」のことについて語るときに、この **When I was ~** のパターンはとても便利です。「私が10歳の頃」であれば **When I was ten (years old),** と、「私が小学生の頃」であれば **When I was in elementary school,** と言えます。「子供の頃、私はロンドンに住んでいました」であれば、**I lived in London when I was a child.** と言えばいいですね。

❷ When Roy first came to Japan, he couldn't speak Japanese at all.
　　ロイは初めて日本に来たとき、日本語をまったく話せませんでした。

私たちの多くは、**When I first went to the States, I couldn't speak English at all.**（初めてアメリカに行ったとき、私は英語をまったく話せませんでした）という場合も多いですね。
□ **not ~ at all**「まったく~ない」

❸ When you cross the street, look out for cars.
　　通りを横断するときは、車に気をつけなさい。

これは大人が子供に、車に注意するよう指示する言葉ですね。**When you** の後は、未来時制の **will cross** ではなくて、現在時制（現在形）の **cross** になっていることに気をつけましょう。
□ **look out for ~**「~に注意する」（= **watch out for ~**）

❹ Please feel free to ask me when you have any questions.
　　質問のあるときには、遠慮なく聞いてください。

こんな風に相手に言われると、本当に嬉しいですよね。みなさんも、事情がよくわからなくて不安そうな人、心細く思っているような人にこそ、この表現を使ってあげてください。**Please feel free to ask me** は、**Please don't hesitate to ask me** と言い換えることも可能です。
□ **feel free to *do* ~**「自由に~する」

公式 55

「時」を表す接続詞②

as soon as ＋ 主語 ＋ 動詞

〜するとすぐに

使い方のポイント

as soon as 〜は「〜するとすぐに／〜するやいなや」の意味の「時」を表す接続詞です。ここでも直後に ① 過去時制を用いる場合と、② 現在時制を用いる場合の２つのケースを練習しましょう。① は **As soon as I sat down, the telephone rang.**（腰を降ろしたとたんに、電話がなりました）のような例です。② は **I'll come to your office as soon as I finish the work.**（仕事が終わり次第すぐにあなたのオフィスに伺います）のように、未来の事柄を表すのに、現在時制を用いる場合です。**when** と同じく、「時」を表す副詞節の中では未来の出来事を表すのに現在時制を用いるわけですね。

過去について述べる ① の場合は、**no sooner ... than 〜**（…するとすぐに〜）を用いても同じ意味を表すことは可能ですが、これは **as soon as 〜**よりもかなり形式張った表現なので、会話で用いられることは非常にまれです。例：**No sooner had I sat down than the telephone rang.**

Check! ミニ会話

W: How did you figure out the woman in the elevator was Hilary Duff?
M: **As soon as I saw** her, I knew.

女：エレベーターの中にいたその女性がヒラリー・ダフってことがどうしてわかったの？
男：彼女を見てすぐにわかったんだよ。

figure out と **he** の間には **that** が省略されています。実は、この男性は私（宮野）自身のことです。ニューヨークの某ホテルに宿泊中、エレベーターに乗ったとき、ボディーガードに付き添われたヒラリーが私の目の前に立っていたのです。ミーハーの私はすぐにヒラリーに話しかけました（笑）。

□ figure out 〜 「〜であるとわかる」

最も使える4例文

❶ As soon as I left the house, it started to rain.
家を出るとすぐに雨が降り出しました。

この文は、**The moment [instant] 〜**を用いて、**The moment I left the house, it started to rain.** と言うことも可能です。

❷ As soon as she graduated from college, she moved to New York.
大学を卒業するとすぐに彼女はニューヨークに引っ越しました。

この文を応用して「大学を卒業したらすぐに何をしたいですか」と言いたい場合には、**As soon as you graduate from college, what would you like to do?** と言えば OK です。
☐ **move to 〜**「〜に引っ越す、〜に移る」

❸ Please call me as soon as you arrive at the station.
駅に着いたらすぐに電話してください。

as soon as の後は、**you arrive at 〜**と「現在形」になっています。**you will arrive at 〜**としてはいけません。「〜したらすぐに電話をください」と言うことは、日常会話では非常に多いと思います。「家に帰ったらすぐに電話をください」であれば、**Please call me as soon as you get home.** でいいですね。
☐ **arrive at 〜**「〜に着く」（= **get to 〜**）

❹ I'll lend you the book as soon as I'm done with it.
私が読み終えたらすぐにその本をあなたに貸してあげます。

「時」を表す副詞節の中なので、未来時制ではなく、現在時制が使われています。**as soon as I'm done with it** は、**as soon as I finish it** とも言えますし、現在完了を用いて **as soon as I've read it** と言うこともできます。現在完了も現在時制に含まれるわけです。
☐ ***be* done with 〜**「〜を終える」

公式 56

「理由」「原因」を述べるときはこれ

---

because ＋ 主語 ＋ 動詞

～なので／～だから

📝 使い方のポイント

　because は「～なので／～だから」という「理由」「原因」を表す接続詞です。(A) **We decided to stay home because it was snowing.**（雪が降っていたので、私たちは家にいることにしました）= (B) **Because it was snowing, we decided to stay home.** のように用います。ただし、**because** に導かれる節は、(A) のように主節の後に置かれる方が、(B) のように主節の前に置かれるよりも頻度が高いです。

　Because よりも少し意味の弱い接続詞として **Since** がありますが、**Since** は文頭に置くのが普通です。よって、**Since it was snowing, we decided to stay home.** となります。

　さらに、**As** も **Because** や **Since** と同じく、理由の意味を表す接続詞ですが、**As** は同時に「～するとき／～しながら／～するにつれて」の意味も表し、時の副詞節に用いられる接続詞です。よって、ネイティブの中にも「理由」を表す場合には、**As** の使用をできるだけ避け、**Because**（または **Since**）を使う人が少なくありません。みなさんも通常は、理由を表す接続詞としてはできるだけ **Because** を優先して使うようにすればよいと思います。

✅ Check! ミニ会話

M｜**What happened to the parade?**
W｜**It was halted because it rained.**

男｜パレードはどうなった？
女｜雨が降ったので、中止になったわ。

because を使うと、このように論理的な説明をきちんとできるわけです。
☐ **halt**「～を中止する」

最も使える**4**例文

❶ **Everybody likes Donna because she is nice and friendly.**
　ドナはとても愛想がいいので、みんな彼女のことが好きです。

<nice ＋ 形容詞/副詞 > は「とても～」の意味を表すので、**nice and friendly** で「とても愛想がいい」の意味となります。

❷ **My boss got mad because I was late for work three days in a row.**
　私は 3 日連続で会社に遅刻したので、上司は激怒しました。

get mad（激怒する／腹を立てる）は、**get angry** のくだけた言い方です。
□ **get mad**「怒る、キレる」　□ **in a row**「連続して」

❸ **Because I was dead tired, I headed straight to bed without dinner.**
　くたくたに疲れていたので、夕食も取らずにベッドに直行しました。

Because の節を聞くだけで、「原因→結果」の流れがなんとなく予想できますね。**dead tired** は「完全に疲れきって、くたくたに疲れて」の意味です。副詞の **dead** は形容詞の前に置くと、「完全に、完璧に」の意味を表します。「くたくたに疲れて」は簡単な語を使って、**very tired** や **so exhausted** などと表現しても OK です。
□ **dead tired**「くたくたに疲れて」　□ **head straight to ～**「～に直行する」

❹ **Because there was a traffic jam, we didn't get there on time.**
　交通渋滞に巻き込まれて、私たちはそこに時間通りに着けませんでした。

Because there was a traffic jam（交通渋滞があったので）の **a traffic jam** の部分にもっと具体的な理由として、**rush-hour traffic**（ラッシュアワーの交通渋滞）、**a traffic accident**（交通事故）、**road work**（道路工事）などを入れて遅れの理由を説明することもできます。
□ **traffic jam**「交通渋滞」　□ **on time**「時間通りに」

公式 57

though [although] と but の違いとは？

though [although] ＋ 主語 ＋ 動詞

～であるけれども／～にもかかわらず

使い方のポイント

though と although は「～であるけれども／～にもかかわらず」という「譲歩」の意味を表す接続詞です。「～だけれども」は会話の中でよく使いますよね。though と although はどちらもまったく同じ意味を表しますが、although は少し堅い表現なので、会話の中では though が好まれて用いられます。さらに、もっと強調する（意味が強い）表現の even though が用いられることもあります。

これらはすべて譲歩の副詞節を導くものなので、直後には文（節）が来ます。これまでは but の使用だけに頼って、He is rich, but he is not happy.（彼は金持ちだけど、幸せではありません）と言っていた人も、これからは Though he is rich, he is not happy. と表現できますね。though の副詞節を後に置いて、He is not happy, though he is rich. と言うことも可能です。

Check! ミニ会話

W **Meg left without an umbrella even though it was raining.**
M **That's crazy. What was she thinking?**

女 雨が降っていたのに、メグは傘なしで出て行ったわ。
男 どうかしてるよ。彼女、何を考えていたんだろう？

though の強調表現の even though「～なのに／～だけれども」が使われていますね。このように接続詞をうまく用いると、少々長い文もスムーズに作れます。会話の中で使えるように、しっかりと練習しておきましょう。

最も使える4例文

① Though I can read Chinese, I can't speak it.
中国語を読むことはできるのですが、話すことはできません。

多くの日本人であれば、Though I can read English, I can't speak it.（英語を～）と言うかもしれませんが、4技能（読む、書く、聞く、話す）はすべて同時に伸ばすことが可能です。

② Though my grandmother is over 90 years old, she is still active.
祖母は90歳を越えていますが、今なお活動的です。

中には Though she is 90 years old, she still drives and enjoys jogging.（彼女は90歳ですが、今なお車を運転し、ジョギングを楽しんでいます）という人もいます。いつまで経っても健康というのは、大きな祝福ですね。
☐ grandmother「祖母」

③ Although she worked very hard, she didn't win first prize.
彼女は一生懸命に頑張りましたが、1位を取れませんでした。

Though よりも少し堅い Although も使えるようにしておきましょう。Although は会話の中でも使われますし、書き言葉でもよく用いられます。
☐ win first prize「優勝する、1等賞を取る」

④ Even though Gary is a college student, he is already an owner of a company.
ゲリーは大学生なのに、すでに会社の経営者です。

Even though は、Though の強調表現で「～なのに／～だけれども」の意味です。今や全世界でこのような学生が増えてきています。

公式 58

whenever / wherever には「接続詞」「譲歩」の2つの用法がある

---

whenever / wherever ＋ 主語 ＋ 動詞

～する時ならいつでも／～する所ならどこでも／
いつ～しようとも／どこで～しようとも

使い方のポイント

whenever と wherever は、「複合関係副詞」と言います。<whenever / wherever ＋主語＋動詞> の形で副詞節を作ります。この2つは「～する時ならいつでも／～する所ならどこでも」という意味で接続詞的に使われる場合と、「いつ～しようとも／どこで～しようとも」という譲歩の意味で副詞的に使われる場合とがあります。どちらの意味で使われているかは、文脈で判断できます。

whenever ─ ①「～する時ならいつでも」 = **at any time (when)**
　　　　　 ②「いつ～しようとも」（譲歩） = **no matter when**

wherever ─ ①「～する所ならどこでも」 = **at any place (where)**
　　　　　 ②「どこで～しようとも」（譲歩） = **no matter where**

✓ Check! ミニ会話

> M Your puppy is very cute.
> W Thank you. He follows me **wherever I go**.
>
> 男 君の子犬、とてもかわいいね。
> 女 ありがとう。私が行く所はどこへでもついてくるんです。

大抵のペットというのはこんなものでしょうか。特に、犬は飼い主にすっかりなつきますよね。この場合の **wherever** は譲歩の意味で解釈することもできますが、「～する所ならどこでも」（= **at any place where**）で解釈する方が自然です。

□ puppy 「子犬」

最も使える4例文

① Please call me whenever it is convenient for you.
ご都合のよいときにいつでも電話してください。

この場合の whenever は、at any time (when) の意味です。よって、非常に堅い英語になりますが、**Please call me at any time (when) it is convenient for you.** と言うことも可能です。whenever it is convenient for you（いつでもあなたのご都合のよいときに）は日常会話で非常によく使われる表現なので、このままの形で覚えておくと便利です。これを応用すれば、**Please come and see me whenever it is convenient for you.**（いつでもご都合のよいときに遊びにいらしてください）とも言えますね。

② You can sit wherever you want.
どこでも好きな所に座っていいですよ。

会議などでどこに座ろうか迷っている人に、こう言ってあげるといいですね。この場合の wherever は、at any place (where) の意味です。よって、非常に堅い英語になりますが、**You can sit at any place (where) you want.** と言うことも可能です。

③ Whenever I call John, he is out.
ジョンはいつ電話しても、留守です。

これは譲歩を表す例です。この場合の whenever（いつ〜しようとも）は、**no matter when** で言い表すことができます。よって、**No matter when I call John, he is out.** とも言えるわけです。また **he is out** の代わりに、**he is gone** と言っても OK です。

④ Wherever you go in the world, you'll find McDonald's.
世界中どこへ行っても、マクドナルドはありますね。

これも譲歩を表す例です。この場合の wherever（どこで〜しようとも）は、**no matter where** で言い表すことができます。よって、**No matter where you go in the world, you'll find McDonald's.** とも言えるわけです。McDonald's [məkdánəldz] の発音に注意しましょう。

公式 59 — 形式を整えるための It

It ＋ 動詞

〜です

使い方のポイント

　代名詞の **it** が主語になるとき、**it** は特に何かを指すことをせず、文としての形式を整えるために用いられることがあります。非人称の **it** と呼ばれるもので、天候、時間、日にち、期間、季節、距離、明暗、寒暖、状況、事情などを述べる文の主語になります。

　It の後の動詞には、**be** 動詞または一般動詞が来ます。日本語にはない英語独特の用法なので、しっかりと練習して使えるようにしておきましょう。この場合の **it** は日本語に訳すことができません。

Check! ミニ会話

W: **What are you so happy about?**
M: **It's spring. I'm feeling great!**

女：何がそんなに嬉しいの？
男：春だぁ。気分は最高！

「春だ／春が来た」は英語では、**It's spring.** と言います。この場合の **it** は「季節」を表しています。同じことを、**Spring has come.** や **Spring is here.** とも言えますが、日本語からの直訳調で **It has become spring.** とは言えないので注意しましょう。寒い冬が苦手な人は、イギリスのロマン派詩人シェリーの **"Ode to the West Wind"**（西風に寄せる歌）の１節、**If winter comes, can spring be far behind?**（冬来たりなば春遠からじ）を吟じつつ春の到来を待ちわびてはいかがでしょうか。

最も使える4例文

❶ It looks like rain.
　　雨が降りそうです。

雨が降りそうな空模様を見て、よく用いる表現です。同じことを、**It looks like it's going to rain.** と言うこともできますが、**It looks like rain.** の方が断然、短く言いやすいので、ぜひこれを使ってみてください。「雪」が降りそうな場合には、**It looks like snow.** と言えばいいですね。

❷ It's a quarter past three.
　　今3時15分です。

What time is it?（今何時ですか）と聞かれたときに、**It's ～ .** で返答する例です。**What time is it?** の **it** も時間を表す **it** です。**What day is it today?**（今日は何曜日ですか）も合わせて覚えておきましょう。この場合の **quarter** は、「(1時間の4分の1＝)15分」の意味の名詞です。**past** は「～を過ぎて」の意味の前置詞で、**after** と同じ意味です。反対に「今3時15分前です」であれば、**It's a quarter to [before] three.** と言います。

❸ It's only a 5-minute walk to the park.
　　その公園までは歩いてたったの5分です。

この文の **it** は「距離」を表しています。この場合の **walk** は名詞で「歩行、徒歩」の意味です。**a 5-minute walk** は、**a 5 minutes' walk** でも OK です。さらに、**<It takes ＋時間＋ to do ～>**（～するのに<時間>がかかる）の形を使って、**It takes only 5 minutes to get to the park.** と言うこともできます。

❹ It gets dark so early these days.
　　最近は暗くなるのが本当に早いです。

it はこのように「明暗」を表すこともあります。冬の時期、とりわけ冬至の頃にこんな風に言えばいいですね。

公式 60

> It が形式主語のとき、真の主語は…

It's ＋ 形容詞 ＋ for you to *do* ～

あなたにとって～することは…です

使い方のポイント

「（多くの人々にとって／一般論として）～するのは…です」は、**It's fun to play tennis.**（テニスをするのは楽しいです）や **It's dangerous to swim in the river.**（その川で泳ぐのは危険です）のようになります。この文型は、文頭の主語の位置に形式的に **It** を形式主語として置き、真の主語は to 不定詞句となっています。

ただし、to 不定詞句の前に **<for ＋人>** を入れると、「誰々にとって／誰々が」の意味となり、**for** の目的語が不定詞の意味上の主語として働きます。よって、**<It's ＋形容詞＋ for ＋人＋ to *do* ～>** の形で「誰々にとって～することは…です」の意味となるわけです。簡単な例文として、**It's necessary for you to attend the meeting.**（あなたがその会議に出席することは必要です）や **It's difficult for me to talk with him.**（私にとって彼と話をするのは難しいです）が挙げられます。

✓ Check! ミニ会話

W **You've overslept again.**
M **That's right. It's really hard for me to wake up in the morning.**

女 また寝坊したのね。
男 そうなんだ。朝起きるのが、僕本当に苦手でね。

「～が難しい／～が苦手だ」と言いたい場合には、**<It's hard (for ＋人) to *do* ～>** のパターンが便利です。動詞 **oversleep** の過去形・過去分詞形の **overslept** も覚えておきましょう。

□ **oversleep**「寝坊する」

最も使える4例文

❶ It's easy for you to say.
あなたが言うのは簡単でしょうけど。

これは「(実際は大変なのに) 口で言うのは簡単だよ／君が言うのは簡単だろうけど (でも実際はそんなもんじゃない)」という意味の決まり文句です。また、事情も知らずに簡単そうに言う人に対しては、**It's easy to say but hard to do.**(口で言うほど簡単ではない／言うは易し、行うは難し)と言うこともあります。

❷ It's very important for us to meet the deadline.
我々にとって締め切りに間に合わせることはとても重要です。

It's important (for＋人) to do 〜（〜することは重要だ）は非常によく用いられます。important の他にも「重要な」を表す形容詞として、**critical**、**crucial**、**essential**、**significant**、**vital** なども覚えて使ってみましょう。
☐ **meet the deadline**「締め切りを守る」

❸ It's impossible for him to finish the work in a day.
彼が1日でその仕事を終えることは不可能です。

It's possible / impossible (for＋人) to do 〜（〜することは可能だ／不可能だ）も、日常会話で非常によく用いるので、使えるようにしておきましょう。同様に、<It's easy / difficult (for＋人) to do 〜>（〜するのは簡単だ／難しい）もよく使います。

❹ It might be interesting for you to visit the museum.
あなたはその博物館を訪れると面白いかもしれません。

be 動詞の部分に **might be** を入れて「〜かもしれない」と表現しています。It's の部分には、このように <It＋助動詞＋be 動詞> の形もよく用いますので、慣れておきましょう。例：**It will be useful for you to remember them.**（あなたはそれらを覚えておくと役に立ちますよ）

公式 61

動名詞を主語にすると、とても便利

> 動名詞の主語 ＋ 動詞
>
> …することは〜です

使い方のポイント

　Seeing is believing.（見ることは信じることである→百聞は一見にしかず）という有名な諺がありますね。動名詞（動詞の〜ing形）は、文の主語、目的語、補語などになり、名詞的に用いられ、通常「〜すること」と訳されます。ここでは、動名詞が主語になるケースをマスターしましょう。このパターンは非常によく用いられます。例えば、公式60で学んだ形式主語のItを使えば、**It's difficult to read the weather these days.**（最近は天気を予測するのが難しいです）のようになりますが、動名詞を主語にすれば、**Reading the weather is difficult these days.** と言えるわけです。

Check! ミニ会話

M I have a hangover again.
W **Drinking** too much **is** bad for you.

男 また二日酔いになっちゃったよ。
女 お酒の飲み過ぎは体に悪いわよ。

I have a hangover. と言えば「二日酔いです」の意味です。省略形を用いて、**I've a hangover.** と言うこともあります。**I have a hangover again.** であれば、「またもや二日酔いになってしまった」の意味になります。「お酒の飲み過ぎ」は **Drinking too much** ですが、「食べ過ぎ」であれば **Eating too much** となります。

□ hangover「二日酔い」

最も使える4例文

❶ Talking with Lana is a lot of fun.
　　ラナと話をするのはとても楽しいです。

主語は **Talking with Lana** の部分です。**fun** は抽象名詞なので、「とても楽しい」という場合、**very fun** と言うことはできません。ネイティブの中にも時に **very fun** という人がいますが、誤用なので真似しないようにしましょう。単に「楽しい」のであれば **〜 is fun**、「とても楽しい」のであれば **〜 is a lot of fun** と言います。

❷ Swimming is good exercise.
　　水泳は良い運動です。

動名詞の **Swimming** は「泳ぐこと→水泳」の意味ですね。**Swimming** の代わりに、主語に **Running**（走ること）、**Jogging**（ジョギングをすること）、**Walking**（歩くこと）、**Cycling**（自転車に乗ること→サイクリング）、**Jumping rope**（縄跳びをすること）などを入れて、練習してみましょう。

❸ Collecting stamps is one of my hobbies.
　　切手収集は私の趣味の１つです。

主語の **Collecting stamps** は「切手を集めること→切手収集」の意味です。なお、同じ「趣味」でも切手収集のように専門知識と労力を費やして行うものは **hobby** で表し、読書や映画鑑賞などの娯楽・気晴らしは **pastime** で表すのが一般的です。

❹ Smoking is not allowed here.
　　ここは禁煙です。

動名詞 **Smoking**（喫煙すること）が主語です。よって、文の意味は「喫煙はここでは許されていません→ここは禁煙です」となります。このパターンを使えば、**Taking pictures is not allowed here.**（写真撮影はここでは許されていません）とも言えますね。

公式 62

「それ」を言うなら That が便利

That ＋ 動詞 ～

それは～です

使い方のポイント

　日本語で「それは～」と聞くと、すぐに直訳式で **It's ～** などのように、主語は必ず **It** でなければならないと考えている人が多いようです。しかし英語では、**<That ＋ be 動詞/動詞>** の形を取る決まり文句が、非常に多く用いられます。「それはいいですねえ／それはいいアイデアですね」も、**It's a good idea.** だけでなく、ネイティブは **That's a good idea.** と頻繁に言います。

　That で始まる文は、人が直前に話した内容や目の前の様子に対してコメントするものがほとんどです。**<That ＋ be 動詞>** であれば、**That's funny.**（それは面白いね／それは変よ）、**That's too bad.**（お気の毒に／それは残念ね）、**That's enough.**（もうたくさんだ／やめてくれ）、**That's fine with me.**（私はそれで構いませんよ）、**That's all right.**（大丈夫ですよ／どうぞお構いなく）などです。**<That ＋ 動詞>** であれば、**That hurts.**（痛い／それってひどいよ）や **That smells good.**（いいにおいだね）などがよく使われる決まり文句です。

✓ Check! ミニ会話

> M　How about like this?
> W　Yeah, **that's** more like it.
>
> 男　こんな感じでどうだろう？
> 女　うん、そっちの方がいいわ。

　男性が壁に絵画を飾ろうとしており、どの辺が一番よいかを女性に聞いている場面を想像してください。このように、**That's more like it.** は「その方がいい／もっと良くなった」の意味でよく用いられます。同時に「そうこなくっちゃ／その調子」の意味をも持つ決まり文句なので、しっかりと覚えておきましょう。

最も使える4例文

❶ That's it.
　　それでおしまいです。

That's it.（それでおしまいです／以上です）は重要な決まり文句です。これを少し応用した表現で、授業や会議、その他のプログラムの終了時に使うのが、**That's it for today.**（今日はこれで終わりです）です。レストランの注文時には、**That's it for now.**（とりあえず今のところはそれだけお願いします）とも言います。また、**That's it.** には、状況に応じて「その通りです／いいぞ、その調子だ」の意味もあります。さらに「もうやめてくれ／いい加減にしろ」（= **That does it.**）という意味もあります。

❷ That sounds great.
　　それは素晴らしいですね。

That sounds ～. は「それは～ですね」の意味を表します。**That sounds** の後には、**great** をはじめ、いろんな形容詞が来ます。**good**（良い）、**excellent**（素晴らしい）、**exciting**（ワクワクする）、**strange**（おかしい）、**fun**（面白い）なども使って、会話の幅を広げましょう。

❸ That will do.
　　それで結構です。

この場合の動詞 **do** は「間に合う、十分である」の意味で用いられています。よって、**That will do.** は「それで結構です／それで大丈夫です／それで十分です」の意味になります。会話例としては、**How's this?**（これでどうですか）に対して、**That will do.**（それで結構です）となります。短縮して **That'll do.** も一般的です。

❹ That explains it.
　　なるほど、それでわかりました。

人の説明を聞いて、「なるほど、そういうことだったんですか／それでわかりました」と事の真相・理由がわかり納得した場合に使う決まり文句です。**That figures.** も同じ意味を表します。**it** の有無に注意しましょう。

公式 63 「確認」「念押し」に便利な否定疑問文①

Isn't it 〜 ?

〜じゃないですか

使い方のポイント

　Isn't it 〜 ?（〜じゃないですか／〜ではないですか）のような否定形の疑問文を「否定疑問文」と言います。ここでは be 動詞を含む否定疑問文の練習をしましょう。否定疑問文は、通例、**Isn't** や **Wasn't** のように短縮形 **n't** を用い、**Isn't this your umbrella?**（これはあなたの傘じゃないですか）のように言います。

　ただしこの形を使わなくても、使用頻度は低くなりますが、肯定の疑問文の be 動詞の前に **not** をつけることで、同じ意味を表すこともを覚えておきましょう。
例：**Is this not your umbrella?**

Check! ミニ会話

> M **Aren't you** going to the party tonight?
> W No, I'm not.
>
> 男 今夜のパーティーには行かないの？
> 女 ええ、行かないわ。

　女性の答え方を理解できましたでしょうか。**No** であっても、日本語では「はい／うん／ええ」と訳されるケースです。男性が **Are you going to the party tonight?** と質問しようが、**Aren't you going to the party tonight?** と質問しようが、女性の答えは否定の内容を表しているので、「パーティーに行かない」のであれば、どちらも **No** で返答するわけです。

最も使える4例文

① Isn't it way too expensive?
それってあまりにも高すぎませんか。

これは自分の思っていることを相手にも同意してほしい場面で用いる表現です。**Isn't it expensive?** は「それって高くありませんか」ですが、**expensive** の前に **too** をつけることで「あまりにも高い」と表現できます。さらに副詞の **way**（ものすごく、非常に）をつけることで、より程度を強調できます。**<way too 〜>**（あまりにも〜）の形で覚えておきましょう。

② Isn't anyone going with you?
誰もあなたと一緒に行かないのですか。

この英文に対しては、**Yes, my wife is.**（いいえ、妻が行きますよ）や、**No, only me.**（ええ、私だけなんです）などの返答が可能です。「〜へ」とはっきりと場所を述べたい場合には、**going** の後に **to the 〜** をつけ加えて **going to the bank**（銀行へ行く）、**going to the restaurant**（レストランへ行く）とします。

③ Aren't you Mr. Miller?
ミラーさんじゃないですか。

Are you Mr. Miller? であれば単なる質問で直接的な響きがありますが、否定疑問文の **Aren't you 〜** を用いれば、少し遠回しで控えめな感じになります。「あなたはひょっとしてミラーさんじゃないですか」と確認の意味で質問する場合には、**you** を強く発音します。しかし、驚きや意外な気持ちを表現する場合の「なんとミラーさんじゃありませんか！」という場合には、**Mr. Miller** を強く発音します。

④ Weren't you a member of the tennis club in high school?
あなたは高校時代、テニス部に入っていませんでしたか。

過去について言及するときには、**Weren't you 〜** や **Wasn't he 〜** のようになるわけですね。「高校時代」を **in your high school days** や **in your high school years** とするのは間違いではありませんが、最も簡単に **in high school** と言うのが自然なネイティブの英語です。

公式 64 「確認」「念押し」に便利な否定疑問文②

Don't you *do* ～?

～ではないんですか

使い方のポイント

　確認したり念を押すために使われることの多い否定疑問文の2回目です。公式63ではbe動詞で始まる否定疑問文の練習をしましたが、ここではbe動詞以外の動詞を含む否定疑問文の **Don't you *do* ～**、**Doesn't he *do* ～**、**Didn't you *do* ～** と、助動詞を含む否定疑問文の **Can't you *do* ～** をマスターしましょう。

　Yes / No の答え方については、「否定疑問文であろうとなかろうと、肯定の答えのときは **Yes**、否定の答えのときは **No** となる」ということを大切なルールとして覚えておきましょう。

Check! ミニ会話

> W **Didn't you buy milk?**
> M **No, I didn't. Was it on the list?**
>
> 女 牛乳は買わなかったの？
> 男 うん、買わなかったよ。それってメモの中に入ってたの？

お母さんと息子の会話です。お母さんにお使いを頼まれた息子は、牛乳を買い忘れたみたいです。この場合の **list** は、**grocery list**（買い物メモ）のことを指しています。つまり、買い物（食料品）をリストアップしたメモのことを言います。

最も使える4例文

❶ Don't you like it?
それは好きじゃないんですか。

相手に「〜は好きじゃないんですか？」と言いたいときには、**it** の部分にいろんな語を入れればよいわけです。**Don't you like sports?**、**Don't you like vegetables?**、**Don't you like fish?** などいろんな質問ができますね。「好き」であれば **Yes, I do.**（または **Yes, I like it.**）と、「嫌い」であれば **No, I don't.**（または **No, I don't like it.**）と言えばよいのです。

❷ Doesn't he play golf?
彼はゴルフをしないのですか。

❶と同じく、この文も「あの人ならゴルフくらいすると思うんだけど、彼はゴルフをしないんですか？」というような驚きや意外な気持ちを表しています。この質問に対し、「いいえ、彼はします」であれば **Yes, he does.** と答え、「はい、彼はしません」であれば **No, he doesn't.** と答えます。

❸ Didn't I tell you?
だから言ったでしょ？

これは、最後に **that** をつけて、**Didn't I tell you that?** と言うこともよくあります。意味は「私の言った通りでしょ？／だから言ったでしょ？」です。同時に、この決まり文句は、すでに言ったと思うのだが、あまり確信がないというときに「私、あなたに言いませんでした？」と言いたい場合にも使えます。どちらの意味になるかは、そのときの状況と言い方ですぐに判断できます。

❹ Can't you make it a little cheaper?
もう少し安くしてもらえませんか。

物を買う際に、店によっては値引きを交渉したくなる場合がありますよね。そんなときに使える便利な表現です。**Can't you give me a discount?**（割引をしてもらえませんか）も一緒に覚えておくといいですよ。さらに、**Can't you 〜**はいら立ちを表すときにもよく使います。例：**Can't you be quiet?**（静かにできないのか？）

公式 65 — 現在完了の3つの用法

CD 66

I have ＋ 過去分詞

もう〜しました／ずっと〜しています／〜したことがあります

使い方のポイント

　現在完了は、**<have [has] ＋過去分詞>** の形で表されます。現在完了は主に、① 動作・出来事の完了・結果：「〜したところだ／もう〜してしまった」② 現在までの動作・状態の継続：「今までずっと〜している」③ 現在までの経験：「〜したことがある」などの意味を表します。このように、現在完了は、過去に起こった動作・状態が何らかの点で現在とつながりを持っていることを示す動詞の形と言えます。以下の基本例文を通して、英語独特の時制的および時間的空間をしっかりととらえてください。

① 【完了・結果】I've just finished my homework.（私はちょうど宿題を**終えたところ**です）
② 【継続】We've been friends for more than ten years.（私たちは１０年以上も友達付き合いを**続けています**）
③ 【経験】I've been to Thailand before.（私は以前タイに**行ったことがあります**）

✓ Check! ミニ会話

> M　What happened to Lisa?
> W　She's been sick since yesterday.
>
> 男　リサはどうしたの？
> 女　彼女は昨日からずっと病気なの。

She's been sick since yesterday. は、現在までの状態の「継続」を表しています。同じ継続を表す **She's been sick for three days.** であれば、「彼女は３日間ずっと病気です」の意味になります。

最も使える4例文

① I've already finished lunch.
　　私はすでに昼食を済ませました。

これは「完了・結果」を表す例です。現在までの動作の完了を表すと共に、その結果として現在どうなっているかを説明しています。「ちょうど昼食を済ませたところです」であれば、**I've just finished lunch.** となります。このように、**already**（すでに）、**just**（ちょうど）、**yet**（まだ、もう）などの副詞を伴う場合には、完了・結果を表すことが多いのです。

② I've known him for almost twenty years.
　　彼とはもう約20年のつき合いです。

直訳をすると「私は約20年間彼を知っています」という意味です。ここでは状態動詞の **know** が使われ、現在までの状態の「継続」を表しています。継続を表す場合は、**for**（～の間）や **since**（～以来）などを用いた期間の副詞語句（**for ten years / since 1995**）を伴うことが多いです。

③ He's lived in Osaka since 2002.
　　彼は2002年以来大阪に住んでいます。

これも❷と同じく、「継続」を表す現在完了の例です。**live**（住む）や **teach**（教える）などのような持続的な動作を表す動作動詞も、現在までの動作の継続（ずっと～している）を表します。

④ I've seen it before.
　　私はそれを以前に見たことがあります。

これは現在までの「経験」（～したことがある）を表す例です。「私はそれをこれまで1度も見たことがありません」であれば、**I've never seen it (before).** と言えばOKです。経験を表す場合は、**before**（以前に）、**never**（1度も～ない）、**once**（1度、かつて）、**often**（何度も）のような経験の有無や回数・頻度を示す副詞を伴うことが多いです。同じ **have seen** を用いても、**I haven't seen her for a long time.**（彼女には長い間会っていません）と言えば、状態の「継続」を表します。

139

公式 66

経験を問うときは、「時」を表すキーワードを入れよう

CD 67

Have you ＋ 過去分詞 ?

もう〜しましたか／ずっと〜していますか／〜したことがありますか

✏️ 使い方のポイント

　公式 65 では、現在完了 <have [has] ＋過去分詞> の 3 つの基本用例を扱いました。① 動作・出来事の完了・結果：「〜したところだ／もう〜してしまった」② 現在までの動作・状態の継続：「今までずっと〜している」③ 現在までの経験：「〜したことがある」の 3 つでしたね。ここでは、それらを疑問文にして、現在完了を用いた質問を自由にできるように練習しましょう。

　特に①の完了・結果は副詞にも注意して例文をマスターしてほしいと思います。**yet** は疑問文で「もう（〜した）」、否定文で「まだ（〜しない）」、**already** は肯定文で「もう（〜した）」の意味を持つ副詞です。

　加えて、**already** は疑問文でも用いられることがあり、「もう（〜したの？）」という驚きの気持ちを表すこともおぼえておきましょう。例：**Have you read the book yet?**（その本はもう読みましたか）、**Have you already read the book?** または **Have you read the book already?**（その本をもう読んでしまったんですか［早いなあ…］）

✅ Check! ミニ会話

> M　How long **have you been** here?
> W　**I've been here** for three months.
>
> 男　こちらに来てからもうどれくらいになりますか。
> 女　もう 3 ヵ月になります。

「継続」を用いた質問と答えの例です。女性の返答の **I've been here (for) three months.** は簡略化して、**For three months.** と言っても OK です。

最も使える4例文

❶ Have you finished packing yet?
荷造りはもう終わりましたか。

動作の「完了」を表す文です。finish の後には <名詞/動名詞> が来ます。**Have you finished ～?** のパターンを覚えておくと、～の部分に **your homework**（宿題）、**your work**（仕事）、**typing your report**（レポートのタイピング）などいろんな語の置き換えが自由にできます。

❷ Have you watched any interesting movies lately?
最近、何か面白い映画を見ましたか。

lately（最近）を用いて、最近という時間領域内での動作・出来事の「完了」に言及しています。「最近、何かよい本を読みましたか」であれば、**Have you read any good books lately?** と言えばいいですね。<**Have you ＋過去分詞 ?**> のパターンを使って、最近のことを友達にいろいろと質問してみましょう。

❸ Have you taught English for many years?
英語を長年教えてこられたのですか。

これは持続的な動作の「継続」を表す例です。この文を少し応用して「英語を何年教えてこられましたか」であれば、**How long have you taught English?** となります。同様に、「あなたはこの会社で何年働いていますか」であれば、**How long have you worked for this company?** となります。

❹ Have you ever been abroad?
これまで海外へ行ったことがありますか。

「経験」を表す例です。**abroad** は副詞なので前置詞の **to** はつきません。しかし、「アメリカに行ったことはありますか」であれば、**Have you ever been to the States?** となります。国名や地名など具体的な場所について言及する場合には、**Have you ever been to ～?** や **Have you ever visited ～?** のパターンを使うとよいでしょう。

☐ **abroad**「海外に、海外へ」(= overseas)

公式 67

How と like で「感想」「好み」「希望」を尋ねよう

How do you like ～?

～はいかがですか／～はどうしましょうか

📍使い方のポイント

　How do you like ～? は、相手に①「感想」を尋ねて「～は気に入りましたか／～はいかがですか／～の印象はどうですか」と言う場合と、②「好み」を尋ねて「～はどのように（料理）致しましょうか」と言う場合に使う重要な決まり文句です。

　①は How do you like my dress?（私のドレスをどう思いますか）や How do you like it here?（当地はいかがですか）のように、②は How do you like your coffee?（コーヒーはどのようにしましょうか：つまりブラックがいいのか砂糖やミルクを入れるのがいいのかという質問）のように使います。

　さらに、How do you like ～? の②をより丁寧にした How would you like ～?（～はどのように致しましょうか）も覚えておきましょう。これらを用いれば、相手の好み、希望をどんどん聞けるようになります。

✅ Check! ミニ会話

> W: **How would you like your money?**
> M: **Six 50's, five 20's, and ten 10's.**
>
> 女：内訳はどのようになさいますか。
> 男：50ドル紙幣を6枚、20ドル紙幣を5枚、10ドル紙幣を10枚ください。

銀行や外貨交換所などで両替をしてもらう場面です。もっと単純に How would you like that? と聞かれることもあります。お金を扱っていることが互いにわかっている場面であれば、your money は that と言うだけでよいわけです。両替の際には、自分の欲しいドル紙幣の内訳をはっきりと正確に伝えましょう。

最も使える4例文

① How do you like Japan?
日本はいかがですか。

How do you like 〜?（〜はいかがですか）を使って、外国人に **How do you like Japanese food?**（和食はお好きですか）や **How do you like living in Japan?**（日本での暮らしはどうですか）と聞いてみるのもよいでしょう。

② How would you like to pay?
お支払いはどうされますか。

お店やホテルなどで支払いについて聞かれる質問です。この質問に対しては通常、**I'd like to pay with [by] cash.**（現金で支払います）や **I'd like to pay with a credit card.**（カードで支払います）と答えます。

③ How would you like your steak?
ステーキの焼き加減はどうしますか。

レストランでステーキを注文したときに必ず聞かれる質問です。**How would you like your steak done [prepared]?** と聞かれることもあります。返答としては、焼き加減の好みに応じて **I'd like it medium, please.**（ミディアムでお願いします）と言ったり、ごく簡単に **Rare, please.**（レアにしてください）や **Medium-rare, please.**（ミディアム・レアにしてください）や **Well-done, please.**（ウェルダンにしてください）と言ったりします。

④ How do you like your eggs?
卵はどのように料理すればいいですか。

家庭でお母さんがこのように質問した場合には、「卵はどんな風にしてほしいの？」という感じです。レストランでは、通常もっと丁寧に **How would you like your eggs?** と聞かれます。卵1つの場合は **your egg**、それ以上の場合は **your eggs** となります。この質問に対しては、**Sunny side-up, please.**（目玉焼き［片面焼き］をお願いします）などと答えます。その他、好みに応じて、**Scrambled**（スクランブル）、**Over-easy**（目玉焼きの両面焼き）、**Boiled**（ゆで卵）、**Poached**（温泉卵）をリクエストすればよいわけです。

公式 68

「提案」「勧誘」には How と What も便利

How [What] about ～ ?

～はどうですか／～するのはどうですか

使い方のポイント

How about ～ ?（～はどうですか／～するのはどうですか）は、相手に何かを提案したり勧めたりするときに便利な表現です。**What about ～ ?** も提案・勧誘に用いることができます。どちらかといえば、**How about ～ ?** の方が少しくだけた感じがありますが、日常会話ではどちらもほとんど同じ意味で用いられます。使用頻度としては、**How about ～ ?** の方が、**What about ～ ?** よりも高いようです。

いずれも、**about** の後には**＜名詞/代名詞/動名詞＞**が続きます。よって、**How [What] about this red one?**（この赤いのはどうですか）や **How [What] about playing tennis tomorrow?**（明日、テニスをするのはどうですか）のようになります。

Check! ミニ会話

M **How about** going to the Italian restaurant this weekend?
W I'd love to, but I'll be out of town this weekend.

男 今週末、そのイタリアンレストランに行くのはどう？
女 ぜひそうしたいんだけど、今週末は出かけてしまって留守をするの。

How about の後の動詞は動名詞にします。だから、**going** ですね。**I'd love to, but ～**（そうしたいのは山々なのですが、～）は相手の誘いを丁寧に断る言い方です。

☐ **out of town**「留守にして、出張で出かけて」

最も使える4例文

❶ How about some coffee?
　　コーヒーはどうですか。

coffee の代わりに、**wine** や **beer** であれば、**How about some wine [beer]?**（ワイン［ビール］はどうですか）となります。「〜を1杯どうですか」と勧める場合には、**How about a cup of coffee?** や **How about a glass of wine [beer]?** と言います。そのように勧められた場合には、**That'd be great.**（それはいいですねえ）、**Sounds great.**（いいですねえ）や **Yes, please.**（はい、お願いします）または **No, thanks.**（いいえ、結構です）などと返答します。

❷ How about two o'clock?
　　2時はどうですか。

What time shall we meet tomorrow?（明日何時に会いましょうか）などと聞かれた場合の返答として、**How [What] about two o'clock?**（2時はどうですか）と提案することができます。さらに、**When shall we meet?**（いつ会いましょうか）と聞かれた場合には、**How about next Wednesday?**（来週の水曜日はどうですか）と答えれば OK です。

❸ What about going out to eat tonight?
　　今夜、外食するのはどう？

What [How] about の後に動名詞が来る例です。「外食する」は **eat out** を用いてもよいのですが、それよりもネイティブは **go out to eat** の方を多用します。よりくだけた表現として、**What [How] about** の後に文をつなげて、**What [How] about we go out to eat tonight?** と言うことも可能です。

❹ How about discussing it over lunch?
　　ランチを取りながらそれについて話し合うのはどうですか。

これも **How about we discuss it over lunch?** と言えます。**discuss** は他動詞で「〜について話し合う」の意味なので、**it** の前に **about** は要りません。**over lunch** の前置詞 **over** には「（食事などを）しながら」という意味があります。よって、**over coffee** であれば「コーヒーを飲みながら」となります。

公式 69

「気になる」とき/「婉曲な依頼」をするときはこれ

I wonder ~

~でしょうか/~かしら

🖍 使い方のポイント

　I wonder ~ はなぜか日本では「~かしら」と非常に女性的に訳すものだと勘違いしている人が多いようです。I wonder は後に wh 節や if 節をつけて、「~でしょうか/~かなあ/~かしら」の意味を表し、男性女性共に使う表現です。たまたま女性が I wonder を使う場合は、日本語の「~かしら」に相当する場合が多いので、「~かしら」の定訳が広まったのでしょう。男性だったら「~かなあ」でしょうね。もちろん、少し婉曲的な表現を作る場合が多いので、男性よりも女性の方がよく用いる傾向はあります。

　この公式は、物事について「不思議に思う/気になる」というときだけでなく、丁寧に依頼するときにも使います。I wonder if ~ はそれだけで丁寧な依頼表現なのですが、if の後に助動詞の過去形（could や would）を用いるとより丁寧になります。また、I was wondering if ~ とすると丁寧さがさらに増します。例文の中でしっかりとマスターしてください。

☑ Check! ミニ会話

W **I was wondering if I could have your autograph.**
M **My autograph? Sure thing.**

女　サインをいただけないでしょうか。
男　私のサインですか？もちろん OK ですよ。

女性は男性にサインを丁寧に依頼しています。この **I was wondering if ~** を自由に使えるように練習しておきましょう。

□ autograph「（有名人からもらう）サイン」　□ Sure thing.「もちろん、OK ですよ」

最も使える4例文

> ❶ **I wonder what has become of him.**
> 　　　彼はどうなったんだろう。

become of ~は、久しく会っていない人の安否を気遣う表現で「~はどうなったんだろう／~はどうしているんだろう」と言いたい場合に、よく用います。**I wonder**の後には**what**を用いた節が続いています。**I wonder what's going on with him.**（彼は一体どうしてるんだろう）も一緒に覚えておくと便利です。

> ❷ **I wonder when he will be back.**
> 　　　彼女はいつ戻ってくるのでしょう。

状況に応じて、「彼女はいつ戻ってくるんだろう／彼女はいつ戻ってくるのかしら」などと訳すことも可能です。この場合は、**I wonder**の後に**when**を用いた節が続いています。**I wonder**の後には、**why**節や**how**節を続ければ、**I wonder why ~**（なぜ~なんだろう）や**I wonder how ~**（どのように~なんでしょう）なども表現できます。

> ❸ **I wonder if you could help me.**
> 　　　ちょっと助けてもらえませんでしょうか。

これは**I wonder if you can help me.**よりも丁寧な言い方ですが、もっと丁寧に依頼したいのであれば、**I was wondering if you could help me.**（ちょっと助けてもらえればと思っていたのですが）と言うこともできます。

> ❹ **I was wondering if you have any plans for the weekend.**
> 　　　週末に何かご予定がおありかなと思っていたのですが。

上の❸のように相手に丁寧に依頼する場合も、またこの❹のように相手に丁寧に質問をする場合も、やはり**I was wondering if ~**が最も適切でしょう。過去進行形を用いることで、より婉曲さが増すのです。丁寧の度合いは、**I wonder if ~** ＜ **I'm wondering if ~** ＜ **I was wondering if ~**の順に増していきます。

公式 70

> try で「習慣」「予定」も表せる

I'm trying to *do* 〜

〜しようとしています

使い方のポイント

　try は「試みる／やってみる」という意味の動詞ですが、**<try to *do* 〜>** の形で現在時制で用いる場合は、「（習慣的に）〜しようとする」という意味でよく使われます。それを進行形 **<be 動詞＋ trying to *do* 〜>** の形にすると、「（今）〜しようとしている」という行為の進行を表すと共に「（ここ最近）〜しようとしている」という「行為の習慣的な継続」をも表します。さらに、「これから〜してみる」という未来の「予定」を表す場合には **<will try to *do* 〜>** の形を、「すでに〜してみた」という過去を表す場合には **<tried to *do* 〜>** の形を使えば OK です。

　以下の４つの例文を通して、意味の違いをチェックしておきましょう。

① **What are you trying to do?**（今何をしようとしているのですか）
② **He tries to please everybody.**（彼は皆を喜ばせようとします→彼は八方美人です）
③ **I'll try to study harder.**（これからはもっと勉強するつもりです）
④ **She tried to forget about it.**（彼女はそのことを忘れようとしました）

✓ Check! ミニ会話

> M **Could you give this book back to Bill?**
> W **Sure. I'll try to do that this week.**
>
> 男 この本をビルに返してもらえるかなあ？
> 女 いいわよ。今週そうするわ。

女性は **I'll try to 〜** と言っているので、「どうにか頑張って〜します」と言っているわけですね。**do that** とは、本を返却すること、つまり **give it back to him** を表しています。

□ **give A back to B**「A を B に返す」

最も使える4例文

❶ I'm trying to increase my English vocabulary.
私は英語の語彙を増やそうとしています。

I'm trying to *do* ～は、(最近)自分が行っている行為の継続を表しています。「語彙を増やす」は、**increase** *one's* **vocabulary** の他、**build up** *one's* **vocabulary** や **expand** *one's* **vocabulary** とも言います。この場合は、**vocabulary** は不可算名詞扱いをするので、複数形にしないように注意しましょう。

❷ She tries not to eat much junk food.
彼女はジャンクフードをあまり食べないようにしています。

<try to *do* **～>** の形を用いて、最近の習慣的行動について述べている文です。否定の場合は **try not to** *do* ～のように、**to** *do* の前に **not** を入れるというルールを覚えておきましょう。**not ～ much** は「あまり～ない」の意味です。例：**I didn't spend much money.**（私はあまりお金を使わなかった） また、ほぼ同じことを **She tries to eat the right food.**（彼女は体に良いものを食べるようにしています）と表現することもできます。
□ **junk food**「ジャンクフード（高カロリー低栄養の食品）」

❸ I'll try to keep that in mind.
そのことを心に留めておきます。

I'll try to *do* ～は「これからは～します／これからは～するつもりです」の意味を表します。この英文は、**I'll try to remember that.** と言い換え可能です。
□ **keep ～ in mind**「～を覚えておく、心に留めておく」

❹ When I was young, I tried to go to bed before 10 o'clock every night.
幼い頃、私は毎晩10時前に寝るようにしていました。

I tried to *do* ～は、過去に言及して「～しようとした」という意味です。ただし、過去形の場合は、**<tried** *doing* **～>** だとその行為自体が実行されたことを意味しますが、**<tried to** *do* **～>** だとそれが実行されたかどうかは文脈次第であるというニュアンスの違いがあることを覚えておきましょう。

公式 71

「確信的でない計画」は thinking で表す

I'm thinking of *doing* 〜

〜しようと思っています

使い方のポイント

「今から自分がしようと思っていること」や「近い将来自分がおそらく実行に移すであろう予定・計画」などについて話すときによく使う表現が、**I'm thinking of *doing* 〜**（〜しようと思っています）です。**of** を **about** にして、**I'm thinking about *doing* 〜**と言っても同じ意味を表します。

公式 17 のように **I'm going to *do* 〜**と言えば、すでに決まっていることについて述べるわけですが、**I'm thinking of [about] *doing* 〜**は、「まだ決定してはいないけども（あるいはまだ迷っている状態だけども）、今はそのようにしようと考えている」とニュアンスを表します。ですから「一応そうすることを考えてはいるけども、実際にそうするかどうかはわからない」という表現であることをしっかりと覚えておいてください。

Check! ミニ会話

M **I'm thinking of buying** a new car.
W What? You bought a brand-new one just last year!

男 新しい車を買おうと思っているんだ。
女 えっ？あなた去年新車を買ったばかりじゃないの！

何かの購入を考えている場合、**I'm thinking of buying 〜**（〜を買おうと思っています）はよく使われるパターンです。ちなみに贅沢へのいましめとして、聖書（ヘブル人への手紙 13 章 5 節）には、**Be content with what you have.**（いま持っているもので満足しなさい）という有名な聖句があります。

☐ **brand-new**「新品の」

最も使える4例文

❶ I'm thinking of studying in Canada next April.
私は来年の4月にカナダに留学しようと思っています。

ここの **studying in Canada** は「カナダで勉強する→カナダに留学する」の意味になります。ただ単に「来年は留学を考えています」であれば、**I'm thinking of studying abroad next year.** や **I'm thinking of going abroad to study next year.** と言えばよいでしょう。

❷ I'm thinking of quitting my job.
仕事を辞めようかと考えています。

最初は何となく **I feel like quitting my job.**（仕事を辞めたい気分です）と思い、その後 **I'm thinking of quitting my job.**（仕事を辞めようかと考えています）と考え、最後は **I've quit my job.**（仕事を辞めました）となるわけです。さらに公式62の例文❶を用いて **That's it. I quit.** と言えば「もういい。辞めるよ」となります。

❸ I'm thinking about working part-time this summer.
この夏はアルバイトをしようと思っています。

学生なら、こんな風に言う人が多いのではないでしょうか。**work part-time**（アルバイトをする）は非常によく使われる表現です。**part-time** は副詞で「パートタイムで」の意味を表します。夏休みにレストランなどでウェートレスをしたい人であれば、**I'm thinking of working part-time as a waitress this summer.** と言えば OK です。

❹ They are thinking about getting a divorce.
彼らは離婚を考えています。

かなり深刻ですね。その逆の **They are thinking about getting married.**（彼らは結婚しようと考えています）であれば、明るい話なのですが。ちなみに「再婚する」は **get remarried** です。

☐ **get a divorce**「離婚する」

公式 72

「確信的な計画」は planning で表す

I'm planning to *do* 〜

〜するつもりです

使い方のポイント

公式 71 の **I'm thinking of *doing* 〜**と比べ、この **I'm planning to *do* 〜**（〜するつもりです／〜を計画中です）は自分の計画や意図をより確信を持って伝える表現であると言えます。**plan** という動詞自体が「計画を立てる」の意味なので、それの進行形だと考えると、**I'm thinking of *doing* 〜**の次の段階で使われる表現だと理解できると思います。

I'm planning to *do* 〜は to 不定詞が使われる表現ですが、動名詞を用いた **I'm planning on *doing* 〜**という表現も同じ意味を表し、こちらも日常会話でよく用いられます。この場合の **planning** の後の前置詞は **on** になるので、**thinking** の後の **of** と混同しないよう注意しましょう。

Check! ミニ会話

M **I'm planning to buy** a house this fall.
W Really? A new one?

男 この秋に家を買うつもりなんだ。
女 本当？新築の？

I'm planning to buy 〜（〜を買うつもりです／〜を買う計画です）は、すでに購入を計画している場合に用いる表現です。同じことを動名詞を用いて、**I'm planning on buying 〜**と言うこともできます。女性は **A new one?** と言っていますが、この **one** はもちろん **house** のことを指しています。

最も使える4例文

① I'm planning to stay there for two weeks.
そこには2週間滞在するつもりです。

旅行やビジネスでの滞在について語るときには、この表現が便利です。これを応用すれば、**I'm planning to stay in the U.S. for three months.**（私はアメリカに3ヶ月滞在する予定です）とも言えます。

② I'm planning to see a dentist next week.
来週歯医者に行くつもりです。

歯医者には定期的に行って検診を受けておく方がいいですね。特にアメリカでは歯の治療費はとてつもなく高いですから。「歯医者に行く」は **see a dentist** の他、**go to the dentist** や **go to the dentist's** とも言います。

③ We're planning to go on a picnic tomorrow.
私たちは明日ピクニックに行くつもりです。

天気のよさそうな日にはみんなで食べ物を持ってピクニックに出かけたいものですよね。「ピクニックに行く」は **go on a picnic** の他、**go to a picnic** や **have a picnic** と言うことも可能です。

④ We're planning to go to Europe for vacation this summer.
私たちはこの夏休暇にヨーロッパに行く予定です。

友人や家族で予定を立てている表現です。**Europe** の部分を、**New Zealand**（ニュージーランド）、**Sweden**（スウェーデン）、**Hong Kong**（香港）、**Israel**（イスラエル）などいろんな地名に置き換えて、練習してみましょう。ヨーロッパ旅行だけでなく、一生のうちに1度は世界旅行をしてみたいですよね。すでにそんな計画を立てている人は、**We're planning to travel around the world.** と言えます。

公式 73

「前置詞の to」と「to 不定詞」の違いに注意

I'm looking forward to ～

～を楽しみにしています

使い方のポイント

look forward to ～は「～を楽しみにして待つ」の意味を表します。この **to** は前置詞であり、後には **＜名詞/代名詞/動名詞＞** が続きます。to 不定詞を導く **to** ではないので、注意しましょう。

look forward to ～は、I'm looking forward to ～のように現在進行形で使うケースが最も多いようです。進行形なので、「今か今かと～を待ち望んでいる」感じが表せます。一方、I look forward to ～のように現在形の場合は、「特に期間を限定せず～を待ち望んでいる」という感じで、少し改まったニュアンスがあります。

Check! ミニ会話

[M] I've been looking forward to this day.
[W] I know exactly how you feel.

[男] この日をずっと楽しみにして待っていたんだ。
[女] あなたの気持ち、よくわかるわ。

I've been looking forward to ～は、「現在完了進行形」なので、ニュアンスとしては「～をずっと楽しみにしていました／～をこれまで心待ちにしていました」という感じですね。文末が **to this day** ですから、「とうとう待ちに待った日がやって来た」と訳してもいいでしょう。

□ **exactly**「まさしく、まさに」

最も使える4例文

> **❶ I'm looking forward to seeing you.**
> お会いするのを楽しみにしています。

to の後に動名詞の **seeing** が来ていることに注意しましょう。文尾に **again** をつけて、**I'm looking forward to seeing you again.** と言えば、「またお目にかかるのを楽しみにしています」の意味になります。さらに、相手に会うことを非常に楽しみにしている場合には、**really** や **very much** を加えて、**I'm really [very much] looking forward to seeing you (again).** と言ってもいいですね。

> **❷ I'm looking forward to it.**
> 私はそれを楽しみにしています。

to の後には、**it** という代名詞が来ています。相手との話の中で、すでに話題となっているものについて「それが楽しみです」と言う場合に、**I'm looking forward to it.** を使います。さらに強いニュアンスを表す **I can hardly wait.**（もう待ちきれないよ）も覚えておくと便利です。

> **❸ We are all looking forward to our trip.**
> 私たちはみな、旅行を楽しみにしています。

to の後には、**our trip** という名詞が来ています。同様に、「夏休み」や「クリスマス」を楽しみにしているのであれば、**We're all looking forward to summer vacation.** や **We're looking forward to Christmas.** と言えばいいですね。

> **❹ I'm looking forward to hearing from you soon.**
> 早急にお返事をお待ちしています。

友達やよく知った人に対しては「早めに返事をお願いしますね」という意味で、**I'm looking forward to hearing from you soon.** とよく言いますが、ビジネスでの会話やビジネスレターの末文などで「お早めのご連絡をお待ち申し上げております」と言いたい場合には、少し改まった感じの **I look forward to hearing from you soon.** と現在形を用いる人が多いようです。ちょっとした違いですが、覚えておくといいですよ。

☐ **hear from 〜**「〜から連絡をもらう」

公式 74

「初めての経験」は first ＋名詞

This is my first ＋ 名詞 ～

～は初めてです

使い方のポイント

自分の「経験」を語る際に「～は初めてです」と言いたいときには、**This is my first ～**の直後に適当な「名詞」をつけ加えます。例えば、**This is my first try.**（これは私にとって初挑戦です）や **This is my first garage sale.**（ガレージセールは初めての体験です）のように言います。

ただし、この形が最も頻繁に使われるケースは、**time** を用いた **This is my first time *doing* ～**、または **This is my first time to *do* ～**です。***doing***（動名詞）と **to *do***（to 不定詞）は通常、会話の中では意味の差はなく、どちらも「～するのは初めてです」の意味を表します。***doing*** の方が若干ですが使用頻度が高いようです。

「初めての」体験ではなく、「2回目」や「3回目」であれば、**This is my second time ～**や **This is my third time ～**と言えばいいですね。

✓ Check! ミニ会話

M **Is this your first time in Japan?**
W **No. In fact, this is my third time here.**

男 日本に来るのは今回が初めてですか。
女 いいえ。実は今回で3回目なんです。

In this your first time in Japan? の代わりに、**Is this your first visit to Japan?** と言うこともできます。

> 最も使える4例文

❶ This is my first time snowboarding.
　　スノーボードをするのはこれが初めてです。

This is my first time の後に *doing* の形が来ています。この場合の **snowboard** は「スノーボードをする」の意味の動詞です。他にも **skiing**、**surfing**、**playing hockey** などいろんな初挑戦に使ってみましょう。

❷ This is my first time running a full marathon.
　　フルマラソンを走るのはこれが初めてです。

ここも **my first time** の後には *doing* の形が来ています。「マラソンを走る」は、**run a marathon** と言います。**marathon** [mǽrəθǎn] の発音に注意しましょう。
□ **full marathon**「フルマラソン」

❸ This is his second time to go to Hawaii.
　　彼がハワイに行くのはこれが2度目です。

his second time の後に **to do** の形が来ています。*doing* と **to do** の形のどちらを使ってもよいので、両方使えるように練習しておきましょう。

❹ Is this your first time to eat sushi?
　　寿司を食べるのは初めてですか。

ここも **your first time** の後には **to do** の形が来ています。外国人に「この日本食を食べるのは初めてですか」と聞くチャンスは多いはずです。**sushi** の部分に、**natto**（納豆）、**sukiyaki**（すき焼き）、**oden**（おでん）、**sweet bean jam**（あんこ）などいろんな日本食の名称を入れてどんどん質問してみてください。ただし、「刺身」の英語訳には注意が必要です。ただ単に **raw fish** と訳してしまうと、外国人は「えっ？生魚？日本人は生の魚にかぶりついて食べるの？」と思ってしまうからです。刺身は **thinly-sliced raw fish**（薄切りした生魚）と説明すれば伝わります。

公式 75

> 日本語の「機会」は chance で表すのが、最も自然

I have [get] a chance to *do* ～

～する機会があります

使い方のポイント

　日本人は「機会」を表すのに、よく **opportunity** という語を使う傾向があります。**chance** も **opportunity** も「機会」の意味を表しますが、**chance** の方がよりくだけた語で、日常会話ではより頻繁に使われ、しばしば偶然性を強調します。**chance** は日本語でも「チャンス」と言いますから、日本人には使いやすいはずです。

　have a chance to *do* ～（～する機会がある／～する機会を持つ）の **have** の代わりに、**get** を使うこともよくあります。意味はほとんど同じですが、**get a chance to *do* ～**と言うと「～する機会を得る／～する機会をつかむ」のニュアンスが出ます。

　have [get] a chance の後には **of *doing*** の形が来ることもありますが、**have [get] a chance to *do*** のように to 不定詞を用いるケースの方が多いです。

✓ Check! ミニ会話

W **Did you have a chance to see** the Grand Canyon?
M **Oh, yes. It was magnificent.**

女 グランドキャニオンを見る機会はありましたか。
男 ええ、ありましたよ。壮大でした。

女性は男性に「この度の旅行ではグランドキャニオンを見るチャンスがありましたか」と聞いているわけです。

□ **magnificent**「壮大な、見事な」

最も使える4例文

❶ **I had a chance to talk** with him last week.
　　先週彼と話をする機会がありました。

この文は「彼に会って話をしたかったのだが、運良く先週その機会が得られた」というときにも使えますし、**chance** の持つ「偶然性」のニュアンスを強調すれば、「彼と話をする機会が与えられるなんてまったく考えてもみなかったのに、先週たまたま彼と話をすることができた」という意味になることもあります。状況に応じて、この２つの解釈が可能です。

❷ **I had a chance to meet** my brother in New York.
　　ニューヨークで兄と会う機会がありました。

これは「ニューヨークで兄に会えればと思っていたのだが、運良くお互いのスケジュールが合ったので、再会することができた」のニュアンスを表しています。

❸ **Did you have a chance to catch** the movie?
　　もうその映画は見ましたか。

直訳をすると「その映画を見るチャンスはありましたか」となります。これを応用すれば、**Did you have a chance to read the book?**（もうその本は読みましたか）とも言えますね。
☐ **catch a movie**「映画を見る」（= watch a movie / see a movie）

❹ **I didn't get a chance to say** hello to her.
　　彼女に挨拶をする機会がありませんでした。

「彼女に挨拶をしたかったのに、その機会が訪れなかった」というニュアンスです。これを応用すれば、**I didn't get a chance to say goodbye to her.**（彼女にさよならを言う機会がありませんでした）とも言えますね。
☐ **say hello to ～**「～に挨拶する」

公式 76

but で調子を整え、和らげる

Excuse me, but 〜

すみませんが〜

📝 使い方のポイント

Excuse me, but 〜 は、「（ちょっと）すみませんが〜／失礼ですが〜」の意味を表します。見ず知らずの人に何かを尋ねるときや、通る場所を空けてほしいとき、中座するときなどによく用いるパターンです。Excuse me の後の but は、ほとんど意味を持たず、一息入れるくらいの働きしかありません。よって、but は省略してもよいのですが、but があれば少し優しいニュアンスを出せます。この場合の but ははっきりとは発音せず、小さな声でサラっと言うのがネイティブらしい発音となります。

ちなみに Excuse me. だけであれば、人込みをかきわけて行くときや人前でゲップをしてしまったときなどに「すみません」という軽い謝罪としても使われます。

✅ Check! ミニ会話

> W **Excuse me sir, but this is a nonsmoking area.**
> M **Oh, I'm sorry. I didn't know that.**
>
> 女 すみませんが、ここは禁煙席ですよ。
> 男 ああ、すみません。それは知りませんでした。

日本語では同じ「すみません」でも、ここの Excuse me. と I'm sorry. はまったく違います。Excuse me. は「すみません＝ちょっといいですか」、I'm sorry. は謝罪の「すみません＝ごめんなさい」という意味ですね。見知らぬ人や目上の人に声をかけるときや接客をするときには、Excuse me の後に sir（男性への敬称）や ma'am（女性への敬称）をつけます。

☐ **nonsmoking area**「禁煙席、禁煙区域」

最も使える4例文

① Excuse me, but where is the restroom?
すみませんが、お手洗いはどこですか。

この質問ができるかどうかは、死活問題ですよね（笑）。イギリスではトイレを探すときには **toilet** という語を使ってもよいみたいですが、アメリカ英語では、**Where is the toilet?** は便器を連想させるので使われません。アメリカでは、公共のトイレであれば **restroom**、そして家のトイレであれば **bathroom** と覚えておきましょう。

② Excuse me, but do you have the time?
すみませんが、今何時かわかりますか。

have the time の定冠詞 **the** を忘れないようにしましょう。**Do you have the time?** は「今何時ですか」、**Do you have time?** は「時間がありますか／今よろしいですか」の意味で、まるっきり違うわけです。**Do you have the time?** の代わりに、**What time do you have?** と言うこともできます。

③ Excuse me, but may I ask you a question?
すみませんが、質問してもよろしいですか。

この質問は実に便利です。突然相手に **May I ask you a question?** と聞くと、時につっけんどんな感じに聞こえることがあります。しかし **Excuse me, but ～** をつければ、ワンクッションを入れて丁寧な質問になるので、理想的です。これと同じくらいよく用いられるのが、**Excuse me, but I have a question for you.**（すみませんが、質問したいことが1つございます）です。

④ Excuse me, but I have to leave now.
すみませんが、もう行かなくてはなりません。

もう家に帰らなければならないとき、会社を退社しなければならないとき、その場を中座しなければならないときなどいろんな場面で使える表現です。同じ意味を表す表現として、**Excuse me, but I have to go.** や **Excuse me, but I have to get going.** なども一緒に覚えておくと便利です。

公式 77

「譲歩」しつつ「違う意見」を言うときにはこれ

That's true, but 〜

それはそうですが〜

使い方のポイント

That's true, but 〜 は「それはそうですが〜／まあ確かにそうですけど〜」の意味を表します。相手の指摘を事実として認めつつも、自分の主張はそれとは違う、という場合に用いる表現です。相手の指摘に対して、**That's true** とまでは言いたくない場合には、**That might be true, but 〜**（それはそうかもしれませんが、〜）と言っても構いません。

いずれにしても、**but** 以下に自分の意見や思いをはっきりと述べる必要があります。例：**That's true, but I think it's worth it.**（確かにそうですが、それだけの価値はあると思います）、**That might be true, but personally I disagree with them.**（そうかもしれませんが、個人的には彼らの意見に反対です） さらに、**That's** の部分を省略して、**True, but 〜** とくだけた言い方をすることもあります。

Check! ミニ会話

W: Steve is very bright and energetic.
M: **That might be true, but** at the same time he's rather cold.

女: スティーブはとても頭が良くて、エネルギッシュね。
男: そうかもしれないけど、同時にかなり冷たい奴だよ。

男性の発言では、That's true の代わりに That might be true が用いられています。but の後の at the same time は、That's true, but at the same time 〜 の形でしばしば用いられます。

□ bright「頭の良い、頭の切れる」　□ energetic「エネルギッシュな、精力的な」

最も使える4例文

❶ That's true, but there is still another problem.
確かにそうですが、まだもう1つの問題が残っています。

相手の言うことをある程度認めつつも、それでは解決策にならないということをはっきりさせておきたい場合に使える英文です。

❷ That's true, but there is something to what he says.
まあそうですけど、彼の言うことにも一理あります。

There is something to [in] ~ は、「~には一理ある」の意味の決まり文句です。**what he says** の **what** は、「~すること」の意味を表す関係代名詞です。

❸ That's true, but we should be more realistic.
それはそうですが、我々はもっと現実的になるべきです。

相手に素晴らしい提案を出されたとしても、それが非現実的であり、達成不可能なものであれば、このように意見を述べるといいでしょう。
□ **realistic**「現実的な、実際的な」

❹ True, but it might be much more difficult than you think.
まあそうですが、それは想像よりもずっと難しいかもしれませんよ。

much は比較級の前につけて強調する副詞で、「ずっと、はるかに」の意味を表します。**much** の代わりに、**a lot** を使うことも可能です。**you think** の後には、**it is** が省略されていると考えるとわかりやすいでしょう。

公式 78 「確認」「抗議」のための問い返しはこれ

Are you saying (that) 〜 ?

〜と言っているのですか

📝 使い方のポイント

　Are you saying (that) 〜 ? は、「あなたがおしゃっているのは〜ということですか」の意味を表します。**Do you mean (that) 〜 ?** と同じ意味の重要表現です。しばしば文頭に **So** をつけて、**So, are you saying (that) 〜 ?** と言います。この表現は大きく 2 つの意味で用いられることに注意しましょう。

　1 つは、相手の言っていることを自分が正しく理解しているかどうかを「確認」するために、あるいはコミュニケーション上の誤解をふせぐために「つまり、あなたが言っているのは〜ということなんでしょうか」と言う場合です。

　もう 1 つは、相手の発言内容に対して憤り・怒りを感じながら「(まさか) あなたは〜とでもおっしゃりたいんですか」と「抗議」する場合です。この場合は、気分を害されているわけですから、語気を強めて言います。

✅ Check! ミニ会話

> [W] **Are you saying this is my fault?**
> [M] **No, that's not what I'm saying.**
>
> [女] これは私のせいだとおっしゃるのですか。
> [男] いや、私が言っているのはそんなことではありませんよ。

女性はかなり不機嫌なようです。男性の **That's not what I'm saying.** は、**That's not what I mean.** と言っても同じ意味を表します。あるいは、この場合には **Don't get me wrong.**（誤解しないでくださいよ）と言ってもいいでしょう。

☐ **fault**「責任、過ち」

最も使える4例文

❶ Are you saying that's not enough?
それでは不十分とおっしゃるのですか。

この場合の **Are you saying 〜** は、単なる確認の意味としても、相手へ不満やいら立ちをぶつけるチャレンジとしても用いることが可能です。要はその言い方・声の調子で、伝えるメッセージ、ニュアンスが異なってくるわけです。**That's not enough.** は「それでは不十分です／それでは足りません」の意味で、よく用いられる決まり文句です。

❷ Are you saying the plane is going to be delayed?
つまり、飛行機は遅れるということでしょうか。

さらに、**You're saying 〜 , right?** と言えば「あなたが言っているのは、〜ということですよね？」と念を押すニュアンスになることも覚えておきましょう。
□ **delay**「〜を遅らせる」

❸ Are you saying you want to marry me?
私と結婚したいって言ってるわけ？

はっきりとした言葉で結婚のプロポーズをしなければ、相手にこんな風に言われてしまいますよね。**You mean, you want to marry me?**（私と結婚したいってこと？）と同じ意味です。英語では、プロポーズの言葉は単刀直入に言います。通常は男性から女性に、**Will you marry me?**（僕と結婚してくれるかい？）と言います。**marry me** の **marry** は「〜と結婚する」という意味の他動詞なので、**marry with me** とはならないことに注意しましょう。

❹ Are you saying I'm a liar?
私が嘘つきだとおっしゃるのですか。

これは、明らかに相手への抗議や問い正しを行う質問文です。英語の **liar** は、日本語の「嘘つき」以上にネガティブな意味を持ち、人の人格を否定するほどの意味を含む強い語です。

公式 79

「付加疑問文」を使いこなしてネイティブライクな表現を

> **You're 〜 , aren't you?**
>
> 〜ですよね

使い方のポイント

You're Mr. Anderson, aren't you?（あなたはアンダーソンさんですよね）というような文を「付加疑問文」と言います。「〜ですよね？」と相手に確認したり、同意を求めたりするときに、平叙文の後に短縮の疑問形 **<助動詞/ be 動詞＋主語>** を付加する形です。最後の主語には、その文の主語を表す代名詞を使います。肯定文には否定の疑問文、否定文には肯定の疑問文をつけます。イントネーションについては、話し手がすでに答えを知っていると思われるときには「確認」としての付加疑問なので下降調を、答えがはっきりとわからなくて相手に **Yes / No** で返答してほしいときには「質問」としての付加疑問なので上昇調を用いるので、注意しましょう。

多くの英会話の本には、命令文の付加疑問文 **<命令文＋ will you?>** として **Speak more slowly, will you?**（もっとゆっくり話してくれますか）、**Let's** を用いた付加疑問文 **<Let's 〜 , shall we?>** として **Let's go shopping, shall we?**（買い物に行こうよ）などの例文が載っていますが、アメリカでは日常会話の中でこれらの付加疑問文を使うことはあまりありません。

✓ Check! ミニ会話

W **You're** in charge of this project, **aren't you**?
M Yes, that's right.

女 あなたがこのプロジェクトの担当者ですよね。
男 はい、その通りです。

女性は男性がプロジェクトの担当者がどうかはっきりとわかっていないため、上昇調で質問をしています。

☐ in charge of 〜 「〜を担当して、管理して」

最も使える4例文

① It's very warm today, isn't it?
今日はとても暖かいですよね。

カンマの前までが肯定文なので、カンマの後は否定の疑問文になっていることを確認しておきましょう。この付加疑問文に対して「ええ、そうですね」と答える場合は、**Yes, it is.** となります。ここでは **very warm** をそのまま「とても暖かい」と訳しましたが、場合によっては「結構暑い」という意味になることもあります。

② That's not fair, is it?
それは不公平ですよね。

カンマの前までが否定文なので、カンマの後は肯定の疑問文になっていることを確認しておきましょう。主語が **That** の場合は、付加疑問は **that** を用いるのではなく、**it** を用いることに注意しましょう。この質問に対して賛同する場合は、「公平ではない」と否定するので **No, it isn't.** になります。日本語では「ええ、そうですね」となりますが、日本語にとらわれず「英語で否定するときは常に **No**」とシンプルに覚えておきましょう。

③ You like apples, don't you?
リンゴはお好きですよね。

一般動詞（**like**）を用いた肯定文に続く付加疑問文なので、**don't you?** となっています。上昇調に読めば「好きなんですか」という質問になりますが、下降調に読めば「好きですよね」という確認になります。付加疑問文を理解するときには、必ずイントネーションに注意しましょう。

④ You can go without me, can't you?
1人で行けるよね。

助動詞（**can**）を用いた肯定文に続く付加疑問文なので、**can't you?** となっています。この英文の場合もイントネーションに注意です。上昇調に読めば「1人で行ける？」という質問になりますし、下降調に読めば「1人で行けるよね」という確認になります。

公式 80

asを用いた比較表現はこれ

CD 81

主語 ＋ 動詞 ＋ as ＋ 形容詞／副詞 ＋ as 〜

〜と同じくらい…です

使い方のポイント

　２つのものを比較するとき、原級を用いた比較表現を使うことがあります。主語の後の動詞としては、be動詞、助動詞＋動詞、一般動詞などが用いられます。重要なのは、その後の部分の **<as ＋形容詞/副詞＋ as>**（〜と同じくらい…だ）の部分です。例えば、**Alice is as tall as Susan (is).**（アリスはスーザンと身長が同じくらいです）や **Susan runs as fast as Alice (does).**（スーザンはアリスと同じくらい速く走ります）のような文が作れるわけです。文末の ( ) の部分は明らかにわかることなので、省略が可能です。

　<as ＋形容詞/副詞＋ as> を not で否定すると、**<not ＋ as / so ＋形容詞/副詞＋ as>**（〜ほど…ではない）の形となることも覚えておきましょう。前の **as** の代わりに **so** を使うことも可能ですが、会話の中では断然 **as** の方がよく用いられます。例：**Mary is not as [so] tall as Ann (is).**（メアリーはアンほど背が高くありません）

✓ Check! ミニ会話

> M: Is Sara a good cook?
> W: Oh, yeah. In fact, **she can cook as well as** her mother.
>
> 男：サラは料理が上手なの？
> 女：もちろんよ。実は、彼女はお母さんと同じくらい料理が上手なのよ。

文末の **her mother** の後には **can** が省略されています。**a good cook** の **cook** は名詞で「料理人、コック」、**can cook** の **cook** は動詞で「料理をする」の意味です。

☐ in fact「実際には」

最も使える4例文

❶ Is Bob as old as you?
　　ボブはあなたと同じ年齢ですか。

年齢を比較する場合は、**as old as** となるわけですね。文末の **you** は **you are** と言ってもよいわけですが、会話では **are** はしばしば省略されます。同じことを、**Is Bob the same age as you?** と表現することも可能です。

❷ It's as simple as that.
　　それほど簡単ですよ。

相手にそれ（**It**）がどのくらい簡単なのかを説明した後で、「それは今私が説明したそれ（**that**）くらい簡単ですよ」と言う場合の決まり文句が **It's as simple as that.** です。映画のセリフの中にもよく出て来ますから、注意して聞いてみてください。

❸ Japan is almost as large as the state of California.
　　日本はカリフォルニア州とほぼ同じくらいの広さです。

日本紹介をするときに使える格好の英文です。まったく同じ大きさではなく、「ほぼ」と言っているので、**almost** をつけるわけですね。時に文末に **in size**（大きさは、サイズは）をつける人もいますが、無くても意味は明確なので通常はつけません。日本は実際には、カリフォルニア州よりも少し小さく、モンタナ州とほぼ同じくらいの広さです。

❹ Jane isn't as young as she looks.
　　ジェーンはみかけほど若くはありません。

<not as young as> の形になっています。「～ほど…ではない」という意味ですから、**as she looks** の部分は「彼女が見えるほど→みかけほど」の意味となるわけですね。物であれば、**It's not as bad as it looks.**（それは見た目ほど悪くありません）とも言えますね。

169

公式 81

2つのものを比較するときはこれ

CD 82

> 主語 ＋ 比較級 ＋ than ～
>
> ～よりも…です

使い方のポイント

2つのものを比較するとき、原級に **-er** または **more** をつけて、比較級を用いることがあります。< 比較級 ＋ than ～ > で「～よりも…だ」の意味を表します。大ざっぱなルールとして、1音節語には **-er** を（**taller / sooner / faster / wider / younger** など）、2音節語または3音節（以上の）語には原級に **more** を（**more difficult / more important / more beautiful / more carefully / more easily** など）つけると覚えておけばよいでしょう。前者の例は **Bill is older than David.**（ビルはデイヴィッドよりも年上です）、後者の例は **This book is more interesting than that one.**（この本はあの本よりも面白いです）などです。

もちろん、すべての原級（形容詞／副詞）が規則的に変化するわけではなく、中には **better**（**good / well** の比較級）、**worse**（**bad / ill / badly** の比較級）、**more**（**many / much** の比較級）、**less**（**little** の比較級）のように不規則変化するものもあるので、しっかりと覚えておきましょう。

✓ Check! ミニ会話

> M How's your new computer?
> W Excellent. It's **much faster than** my old one.
>
> 男 新しいコンピュータはどうですか。
> 女 すばらしいです。私の古いのよりもずっと速いです。

ここは **faster** の前に **much** がついて、比較級を強調しています。**my old one** の **one** は **computer** のことです。

☐ **excellent**「すばらしい、優れた」

最も使える4例文

> **① She left home later than usual.**
> 私はいつもよりも遅く家を出ました。

late が副詞の「遅く」の意味で用いられるときには、比較級は **later** となります。ここでは、**than** の前後を見れば明らかですが、「いつもよりも（**than usual**）遅く」家を出た、という意味になります。

> **② I'm feeling better now.**
> 少しは気分がよくなったと思います。

先程までかなり気分が悪かった人が、前よりは良くなったという場合に、このように言います。**better** の部分が比較級です。ここでは、文末に **than before** という語句が省略されています。**I'm feeling better now.** の **now** だけで以前との比較が明らかなので、**than before** は言わなくてもいいわけですね。同様に、**I feel better today.**（今日はよくなったと思います）であれば、**than yesterday** が省略されていると考えればよいわけです。

> **③ This bag is more expensive than that one.**
> この鞄はあれよりも高いです。

expensive は3音節語なので、**more** をつけた比較級とします。**than** のあとの **that one** は **that bag**（あの鞄）のことを指し、この鞄とあの鞄を比較しているわけですね。**that one** の後には **is** が省略されています。

> **④ She speaks English much better than I.**
> 彼女は私より英語をずっとうまく話します。

much や **a lot** や **far** などは、比較級の前につけて、程度の強調を表す語句です。よって、**much better** は「ずっと上手く」の意味を表します。文末の **I** は、**I do** と言っても OK です。この文を少し変えれば、**She speaks French much more fluently than I.**（彼女は私よりもずっと流暢にフランス語を話します）と言うこともできますね。

公式 82 「最も」「一番の」を表すときはこれ

$$\boxed{主語} + the + \boxed{最上級} \sim$$

最も〜です

使い方のポイント

3つのもの以上の間で比較をし、その中の1つが「最も〜である」の意味を表すのが最上級です。**<the ＋最上級>** の形で表します。原級に **-est** または **most** をつけます。そして、最上級の後には、比較の基準が **<of ＋複数名詞/複数代名詞>** または **<in ＋範囲を表す名詞>** の形で示されます。例えば、**Mike is the smartest of the them all.**（マイクは彼らの中で最も頭がよいです）や **She is the most famous singer in the country.**（彼女は国内で最も有名な歌手です）などのようになります。

　最上級の場合は、大ざっぱなルールとして、1音節語には **-est** を（**oldest / nicest / hottest / richest / happiest** など）、2音節語または3音節（以上の）語には原級に **most** を（**most useful / most excellent / most cheerful / most expensive / most quickly** など）つけると覚えておけばよいでしょう。

✓ Check! ミニ会話

W **How good a player is Jim?**
M **He is by far the best player on the team.**

女 ジムはどれくらい上手なプレーヤーですか。
男 彼はチームで断トツのトッププレーヤーです。

最上級を強める語句としては、**by far** や **much** が非常によく用いられます。

最も使える4例文

❶ It's the oldest building in the town.
それは町で最も古い建物です。

最上級の後に、**<in ＋範囲を表す名詞>** の形が来ている例です。もしも1番ではなくて「2番目に古い建物」であれば、**It's the second oldest building in the town.** となります。**<the second [third] ＋最上級>**（2番目に［3番目に］〜な）の言い方も一緒に覚えておきましょう。

❷ This is the easiest way to go there.
これはそこに行くのに最も簡単な道です。

人に道案内をするときに、「この道を行くのが一番簡単ですよ（わかりやすいですよ）」と言う場合に使える英文です。さらに、**the easiest way** は「最も簡単な方法」という意味でも用いられることがあります。例：**This is the easiest way to solve the problem.**（これはその問題を解決するのに最もラクな方法です）

❸ Mt. Fuji is the highest mountain in Japan.
富士山は日本で最も高い山です。

日本紹介をする際に、これくらいは言えないといけませんよね。**It's 3,776 meters.** と説明をつけ加えれば一層よいわけですが、外国人の中にはメートルの単位に疎い人もいるので、**It's 12,388 feet high.** とフィートでも説明できるようにしておけば理想的です。

❹ This is the most interesting book I've ever read.
これは私がこれまでに読んだ本の中で最も面白い本です。

book と **I've** の間には関係代名詞の **that** が省略されていると考えてください。**<This is the most ＋形容詞＋名詞＋ (that) I've ever ＋過去分詞>**（これは私がこれまで〜した中で最も…な○○です）のパターンは日常会話で非常によく使うので、しっかりとマスターしておきましょう。関係詞節に経験を表す完了形を用いるわけです。例：**This is the best steak I've ever had.**（これは今までで食べた中で一番おいしいステーキです）、**This is the most beautiful mountain I've ever seen.**（これは今まで見た中で最も美しい山です）

公式 83

Whatで「感嘆」を表す

What ＋ 名詞 ＋ 主語 ＋ 動詞 ！

なんという〜でしょう！

使い方のポイント

　何かに感動した気持ち、つまり感嘆の思いを表す文が「感嘆文」です。感嘆文は、**What** または **How** で始め、文末に感嘆符（!）をつけます。下降調で発音することに注意しましょう。ここでは、まず **What** を文頭で用いる感嘆文を練習します。**<What ＋（形容詞）＋名詞＋主語＋動詞 !>**（なんという〜でしょう！）の形をしっかりと覚えておきましょう。

　日常的に用いられる **What** の感嘆文では、形容詞が入らないこともありますし、<主語＋動詞>の部分はよく省略されます。例：**What a cute girl (she is)!**（なんて可愛い子なんだろう！）、**What an interesting article (this is)!**（なんて面白い記事なんだ！）、**What an awesome play (that was)!**（すごい劇だったね！）

✓ Check! ミニ会話

> M Wow! **What a surprise** to see you here!
> W Yeah. **What a small world**!
>
> 男 わあ！こんな所で君に会うなんてびっくりだよ！
> 女 うん。世間って狭いわねえ！

　男性と女性がそれぞれ、**What** で始まる感嘆文を用いています。「嬉しい驚きです」という場合は **What a nice surprise (to do 〜)!** とも言います。**What a small world!** は、「世間は広いようで、実に狭いねえ！奇遇だね！」というニュアンスの決まり文句です。単に **It's a small world.** と言うよりも、感嘆文を使う方が驚きの程度が強調されます。ディズニーランドで意外な友達に偶然会ったときなど、ぜひこの決まり文句を使いましょう！

最も使える4例文

❶ What a great idea that is!
　　なんていいアイデアでしょう！

まずは、しっかりと形を見てください。**<What ＋ a（冠詞）＋ great（形容詞）＋ idea（名詞）＋ that（主語）＋ is（動詞）!>** の語順の確認が大切です。最後の **that is** は、**it is** でも OK です。**that is** の部分は省略しても意味がわかるので、**What a great idea!** と言うことも多々あります。

❷ What beautiful flowers they are!
　　なんて美しい花なんでしょう！

この文は❶の英文とは違って、**What** の直後に複数名詞の **beautiful flowers** が来ているので、冠詞の **a** がついていないわけですね。文末の **they are** は、目の前にある花だということがわかるので省略して、**What beautiful flowers!** と言っても OK です。

❸ What lovely weather!
　　なんて素晴らしい天気でしょう！

weather は不可算名詞なので、冠詞の **a** がついていないことに注意しましょう。**weather** の後には、**it is** が省略されていると考えてください。「素晴らしい天気」の場合は、**lovely** という形容詞の他に、**beautiful**、**great**、**nice**、**splendid** などを用いることも可能です。反対に、「嫌な天気、最悪な天気」の場合には、**awful**、**nasty**、**lousy** などの形容詞を使えば OK です。

❹ What a pity!
　　残念だなあ！

What a pity! は「残念だなあ！惜しいなあ！」などの意味を表す決まり文句です。**pity** の後には **it is** が省略されています。これとまったく同じ意味の決まり文句として、**What a shame!** や **What a bummer!** も一緒に覚えておくと便利ですよ。

公式 84

How で「感嘆」を表す

> **How ＋ 形容詞 / 副詞 ＋ 主語 ＋ 動詞 !**
>
> なんて～でしょう！

使い方のポイント

　What で始まる感嘆文はマスターできましたでしょうか。ここでは、How で始まる感嘆文をマスターしていきます。How の場合も、感嘆文は下降調で発音します。What の感嘆文と比較しながら、**<How ＋形容詞/副詞＋主語＋動詞 !>**（なんて～でしょう！）の形をしっかりと覚えておいてください。

　日常的に用いられる How の感嘆文では、**<主語＋動詞>** の部分はよく省略されます。例：**How happy I am!**（私ってなんて幸せなんでしょう！）、**How cool (it is)!**（なんてかっこいいの！）、**How fast he swims!**（彼はなんて速く泳ぐんだろう！）

✓ Check! ミニ会話

> M **Hi, Auntie Kristi. How are you doing?**
> W **Oh my! How much you've grown!**
>
> 男 こんにちは、クリステリィーおばさん。お元気ですか。
> 女 あらまあ！大きくなったわねえ！

　How much you've grown! は背丈だけでなく、体全体の著しい成長を見て、驚いている感じです。文頭に **look** をつけて、**Look how much you've grown!** と言うこともあります。背丈だけに注目して、「背が高くなったわねえ！」であれば、**How tall you've grown!** と言えば OK です。どちらも、あっと言う間に子供が成長した姿を見て驚きを表す表現であり、実際には同じ意味で用いられます。

□ **Oh my!**「おやまあ！／あら～！」（＝ **Oh my goodness!**）

最も使える4例文

① How delicious this is!
なんておいしいんでしょう！

おいしい料理を作ってくださった人の前で、この褒め言葉を使いましょう。**delicious** は心のこもった料理や特別な料理に対して使われます。私たちが普段気軽に言う「おいしい」は、よりカジュアルな **good** や **great** で表します。

② How expensive gasoline is these days!
この頃のガソリンはなんて高いんだ！

物の高価格に不満がある場合は、**How expensive 〜!** で気持ちを表すことができます。例：**How expensive everything is in this country!**（この国では何もかもなんて高いんだ！） 反対に、物があまりにも安い場合には、**How cheap 〜!** を用いればいいですね。例：**How cheap it is!**（なんて安いんだろう！）

③ How strange!
本当に変だなあ！

「変だなあ！おかしいなあ！」というときによく使う表現が、**How strange!** です。**strange** の後に **it is** が省略されていると考えてください。日常会話では **it is** の部分を省略して、**How strange!** という決まり文句で用いることが多いわけです。

④ How kind of you!
それはどうもご親切に！

相手の親切・優しさに対して、感謝の気持ちを述べるときに用いる決まり文句が **How kind of you!** です。**you** の後には、**it is to do so** が省略されていると考えてください。これを副詞の **very** でさらに強調した **How very kind (of you)!** も覚えておくと便利です。**kind** を **sweet** や **nice** で置き換えて、**How sweet of you!** や **How nice of you!** と言っても同じ意味を表します。さらに、「〜してくれて本当にありがとう！」という場合には **you** の後に to 不定詞をつけて、**How kind of you to say that!**（そんな風に言ってくださって本当にありがとうございます）のように言います。

修了テスト

本書で学んだ84の公式を、しっかりマスターできたかどうか判定してみましょう。

①設問文を英文にして、下線部に記入しましょう。

② p.188〜p.191の解答で答え合わせをしましょう。解答と同じ英文であれば〇、色文字の公式部分のみが合っていれば△、明らかに誤っている場合は×として、設問の横のボックスに記入しましょう。

③×と△の問題は公式の例文を復習し、〇になるまでチャレンジしましょう。解答の右にある 公式1-2 の表記は「公式1の例文2」を示しています。

1. どうぞおくつろぎください。

_____ ○△×

2. 気にしないで。

_____ ○△×

3. 急ぎなさい、そうしないと遅れますよ。

_____ ○△×

4. どういう意味ですか。

_____ ○△×

5. 一番好きな歌手は誰ですか。

_____ ○△×

6. この携帯電話は誰のですか。

_____ ○△×

7. どこで会いましょうか。

_____ ○△×

8. 彼はいつ休暇から戻りますか。

_____ ○△×

9. 空港行きのバスはどれですか。

_____ ○△×

10. 仕事にはどうやって行ってますか。

_____ ○△×

11. どうしてそんなことを言うのですか。

_____ ◯ △ ✕

12. どんな種類の音楽が好きですか。

_____ ◯ △ ✕

13. 彼の計画をどう思いますか。

_____ ◯ △ ✕

14. あなたの子供時代はどんな感じでしたか。

_____ ◯ △ ✕

15. そのホテルまで距離はどのくらいありますか。

_____ ◯ △ ✕

16. すぐに戻ってきます。

_____ ◯ △ ✕

17. 今日は午後からベンとテニスをします。

_____ ◯ △ ✕

18. 彼はいつも愚痴っています。

_____ ◯ △ ✕

19. 私はその結果にまったく満足しています。

_____ ◯ △ ✕

20. 昨日モールには多くの人がいました。

_____ ◯ △ ✕

21. 転職したいよ。

_____ ○ △ ×

22. これを試着したいのですが。

_____ ○ △ ×

23. あなたに一緒に来てほしいのですが。

_____ ○ △ ×

24. あなたは間違っていると思います。

_____ ○ △ ×

25. 経済はすぐに回復すると思います。

_____ ○ △ ×

26. 今夜は都合がつかないと思います。

_____ ○ △ ×

27. 手伝ってくれてありがとう。

_____ ○ △ ×

28. 遅れてすみません。

_____ ○ △ ×

29. やればできるよ。

_____ ○ △ ×

30. 18歳を超えていれば、申し込むことができます。

_____ ○ △ ×

31. タバコをやめた方がいいよ。

_____ ○ △ ×

32. あなたはもう１度それをチェックしなければなりません。

_____ ○ △ ×

33. ここで写真を撮影してはいけません。

_____ ○ △ ×

34. 医者に診てもらった方がいいよ。

_____ ○ △ ×

35. あなたはそれを心配する必要はありません。

_____ ○ △ ×

36. 私は１時間もバスを待たなければなりませんでした。

_____ ○ △ ×

37. 今晩、映画を見に行きましょう。

_____ ○ △ ×

38. お名前を教えていただけますか。

_____ ○ △ ×

39. 塩を取ってもらえる？

_____ ○ △ ×

40. お願いがあるのですが。

_____ ○ △ ×

41. 彼に折り返し電話をさせましょうか。

_____ ◯|△|✕

42. スミスさんに聞いてみたらどう？

_____ ◯|△|✕

43. じゃあ、始めましょうか。

_____ ◯|△|✕

44. 1つ質問させてください。

_____ ◯|△|✕

45. またお会いできて嬉しいです。

_____ ◯|△|✕

46. ハワイでは素晴らしい時間を過ごしてください。

_____ ◯|△|✕

47. あいにく、彼女は今昼食に出ています。

_____ ◯|△|✕

48. 紅茶がいいですか、それともコーヒーがいいですか。

_____ ◯|△|✕

49. それの使い方、わかりますか。

_____ ◯|△|✕

50. 彼がいつ来るかわかりますか。

_____ ◯|△|✕

51. エミリーならきっといい奥さんになると思います。
_____ ◯ △ ✕

52. 私はそれを買うべきかどうかよくわかりません。
_____ ◯ △ ✕

53. 何か質問があれば、手を挙げてください。
_____ ◯ △ ✕

54. 私は幼い頃、動物園に行くのが好きでした。
_____ ◯ △ ✕

55. 駅に着いたらすぐに電話してください。
_____ ◯ △ ✕

56. 交通渋滞に巻き込まれて、私たちはそこに時間通りに着けませんでした。
_____ ◯ △ ✕

57. 彼女は一生懸命に頑張りましたが、1位を取れませんでした。
_____ ◯ △ ✕

58. ご都合のよい時にいつでも電話してください。
_____ ◯ △ ✕

59. 最近は暗くなるのが本当に早いです。
_____ ◯ △ ✕

60. 我々にとって締め切りに間に合わせることはとても重要です。
_____ ◯ △ ✕

61. 切手収集は私の趣味の１つです。

_____ ○△×

62. なるほど、それでわかりました。

_____ ○△×

63. それってあまりにも高すぎませんか。

_____ ○△×

64. それは好きじゃないんですか。

_____ ○△×

65. 彼とはもう約20年のつき合いです。

_____ ○△×

66. これまで海外へ行ったことがありますか。

_____ ○△×

67. ステーキの焼き加減はどうしますか。

_____ ○△×

68. 今夜、外食するのはどう？

_____ ○△×

69. 彼はどうなったんだろう。

_____ ○△×

70. 彼女はジャンクフードをあまり食べないようにしています。

_____ ○△×

71. この夏はアルバイトをしようと思っています。

_____ ○ △ ×

72. 来週歯医者に行くつもりです。

_____ ○ △ ×

73. お会いするのを楽しみにしています。

_____ ○ △ ×

74. 彼がハワイに行くのはこれが２度目です。

_____ ○ △ ×

75. 先週彼と話をする機会がありました。

_____ ○ △ ×

76. すみませんが、今何時かわかりますか。

_____ ○ △ ×

77. それはそうですが、我々はもっと現実的になるべきです。

_____ ○ △ ×

78. それでは不十分とおっしゃるのですか。

_____ ○ △ ×

79. それは不公平ですよね。

_____ ○ △ ×

80. ジェーンはみかけほど若くはありません。

_____ ○ △ ×

81. 私はいつもよりも遅く家を出ました。

_____ ○ △ ×

82. それは町で最も古い建物です。

_____ ○ △ ×

83. なんて素晴らしい天気でしょう！

_____ ○ △ ×

84. それはどうもご親切に！

_____ ○ △ ×

レベル判定

あなたの○の数は？　　／84

71以上　かなりの実力がついています。ネイティブとの英会話の機会を増やして、実践練習を重ねていきましょう。

50〜70　基礎力は十分ついています。公式以外の部分もマスターできるように、CDを活用しながら本書の公式と例文をもう一度復習してみてください。

0〜49　本書を最初から復習し、解説の部分をじっくりと読んでみましょう。少しずつ学習していくうちに、必ず上達していきますから頑張ってください。

テストの解答

1. **Please make** yourself at home. ☞ 公式 1-2
2. **Never mind**. ☞ 公式 2-2
3. **Hurry up, or** you'll be late. ☞ 公式 3-3
4. **What** do you mean? ☞ 公式 4-1
5. **Who** is your favorite singer? ☞ 公式 5-2
6. **Whose** cellphone is this? ☞ 公式 6-2
7. **Where** shall we meet? ☞ 公式 7-3
8. **When** is he coming back from vacation? ☞ 公式 8-1
9. **Which** bus goes to the airport? ☞ 公式 9-3
10. **How** do you go to work? ☞ 公式 10-1
11. **Why** do you say that? ☞ 公式 11-4
12. **What kind of music** do you like? ☞ 公式 12-2
13. **What do you think of** his plan? ☞ 公式 13-1
14. **What was** your childhood **like**? ☞ 公式 14-3
15. **How far** is it from here to the hotel? ☞ 公式 15-1
16. **I'll be** back in a minute. ☞ 公式 16-4
17. **I'm going to play** tennis with Ben this afternoon. ☞ 公式 17-3
18. He's always **complaining**. ☞ 公式 18-3
19. **I'm** completely **satisfied** with the result. ☞ 公式 19-2
20. **There were a lot of people** at the mall yesterday. ☞ 公式 20-2
21. **I want to change** jobs. ☞ 公式 21-3
22. **I'd like to try** this on. ☞ 公式 22-1
23. **I'd like you to come** with me. ☞ 公式 23-2
24. **I think** you are wrong. ☞ 公式 24-1
25. **I feel** the economy will recover soon. ☞ 公式 25-2

26. **I don't think** I can make it tonight. ☞ 公式 26-3
27. **Thank you for** your help. ☞ 公式 27-1
28. **I'm sorry** I'm late. ☞ 公式 28-2
29. **You can do** it. ☞ 公式 29-1
30. **You may apply** if you are over 18 years of age. ☞ 公式 30-2
31. **You should stop** smoking. ☞ 公式 31-2
32. **You must check** it out again. ☞ 公式 32-2
33. **You mustn't take** photos here. ☞ 公式 33-2
34. **You'd better see** a doctor. ☞ 公式 34-2
35. **You don't need to worry** about it. ☞ 公式 35-4
36. **I had to wait** an hour for the bus. ☞ 公式 36-4
37. **Let's go** to the movies tonight. ☞ 公式 37-1
38. **May I have** your name? ☞ 公式 38-2
39. **Will you pass** me the salt? ☞ 公式 39-2
40. **Would you do** me a favor? ☞ 公式 40-3
41. **Shall I have** him call you back later? ☞ 公式 41-3
42. **Why don't you ask** Mr. Smith? ☞ 公式 42-2
43. **Why don't we get** started? ☞ 公式 43-3
44. **Let me ask** you a question. ☞ 公式 44-1
45. **I'm glad** to see you again. ☞ 公式 45-1
46. **I hope** you have a great time in Hawaii. ☞ 公式 46-2
47. **I'm afraid** she's out to lunch now. ☞ 公式 47-4
48. **Would you like tea or coffee**? ☞ 公式 48-3
49. **Do you know how to use** it? ☞ 公式 49-1
50. **Do you know when he will come** here? ☞ 公式 50-2

51. **I'm sure** Emily will make a good wife. ☞ 公式 51-4
52. **I'm not sure if** I should buy it. ☞ 公式 52-3
53. **If you have** a question, please raise your hand. ☞ 公式 53-3
54. **When I was** a little child, I liked to go to the zoo. ☞ 公式 54-1
55. Please call me **as soon as you arrive** at the station. ☞ 公式 55-3
56. **Because there was** a traffic jam, we didn't get there on time. ☞ 公式 56-4
57. **Although she worked** very hard, she didn't win first prize. ☞ 公式 57-3
58. Please call me **whenever it is** convenient for you. ☞ 公式 58-1
59. **It gets** dark so early these days. ☞ 公式 59-4
60. **It's very important for us to meet** the deadline. ☞ 公式 60-2
61. **Collecting** stamps **is** one of my hobbies. ☞ 公式 61-3
62. **That explains** it. ☞ 公式 62-4
63. **Isn't it** way too expensive? ☞ 公式 63-1
64. **Don't you like** it? ☞ 公式 64-1
65. **I've known** him for almost twenty years. ☞ 公式 65-2
66. **Have you** ever **been** abroad? ☞ 公式 66-4
67. **How would you like** your steak? ☞ 公式 67-3
68. **What about** going out to eat tonight? ☞ 公式 68-3
69. **I wonder** what has become of him. ☞ 公式 69-1
70. **She tries not to eat** much junk food. ☞ 公式 70-2
71. **I'm thinking about working** part-time this summer. ☞ 公式 71-3
72. **I'm planning to see** a dentist next week. ☞ 公式 72-2
73. **I'm looking forward to** seeing you. ☞ 公式 73-1
74. **This is his second time** to go to Hawaii. ☞ 公式 74-3
75. **I had a chance to talk** with him last week. ☞ 公式 75-1

76. **Excuse me, but** do you have the time?	☞ 公式 76-2
77. **That's true, but** we should be more realistic.	☞ 公式 77-3
78. **Are you saying** that's not enough?	☞ 公式 78-1
79. **That's not** fair, **is it**?	☞ 公式 79-2
80. **Jane isn't as young as** she looks.	☞ 公式 80-4
81. She left home **later than** usual.	☞ 公式 81-1
82. It's **the oldest** building in the town.	☞ 公式 82-1
83. **What lovely weather**!	☞ 公式 83-3
84. **How kind of you**!	☞ 公式 84-4

●著者紹介

宮野 智靖 Tomoyasu Miyano

広島県出身。ペンシルベニア州立大学大学院スピーチ・コミュニケーション学科修士課程修了(M.A.)。現在、関西外国語大学短期大学部教授。日本英語音声学会評議員。日本英語検定協会1級面接委員。
主要著書：『ゼロからスタート シャドーイング』、『ゼロからスタート ディクテーション』、『TOEIC® TEST英文法・語彙ベーシックマスター』(以上、Jリサーチ出版)、『TOEIC® TEST究極単語Basic 2200』、『新TOEIC® TESTプレ受験600問』(以上、語研)、『TOEIC® TEST730点突破のための英単語と英熟語』(こう書房)。
主要資格：TOEIC990点、英検1級、通訳案内業国家資格。

ジョセフ・ルリアス Joseph Ruelius

米国ニュージャージー州出身。クインピアック大学卒業（英文学専攻）。ニュージャージー大学卒業（英語教育専攻）。英国バーミンガム大学大学院英語教育研究科修士課程修了(M.A.)。現在、関西外国語大学国際言語学部准教授。Podcastingを利用した語学教材の開発に積極的に取り組んでいる。各種英語資格試験にも非常に精通している。
主要著書：『ネイティブ厳選必ず使える英会話 まる覚え』(Jリサーチ出版)、『TOEIC® TEST PART 5文法・語彙問題だけで100点アップ』(アスク出版)、『TOEFL® TESTリスニング完全攻略』(語研)、『Welcome to USA TODAY』(開文社出版)。

カバーデザイン	岡崎 健二
本文デザイン&DTP	新藤 昇
ナレーション	Jack Marluzzi／Rachel Walzer／水月優希
CD編集	㈶英語教育協議会(ELEC)
CD制作	高速録音株式会社

ネイティブの英会話公式　BASIC 84

平成22年（2010年）8月10日　初版第1刷発行

著　者	宮野 智靖／ジョセフ・ルリアス
発行人	福田 富与
発行所	有限会社　Jリサーチ出版
	〒166-0002　東京都杉並区高円寺北2-29-14-705
	電話 03(6808)8801㈹　FAX 03(5364)5310
	編集部 03(6808)8806
	http://www.jresearch.co.jp
印刷所	株式会社シナノパブリッシングプレス

ISBN978-4-86392-023-1　禁無断転載。なお、乱丁・落丁はお取り替えいたします。
© Tomoyasu Miyano, Joseph Ruelius 2010 All rights reserved.